编著

Jiaxiangqing

我爱

北京

山东画报出版社

图书在版编目（CIP）数据

我爱北京/尹建华编著．—济南：山东画报出版
社，2014.2

（中国梦家乡情丛书）

ISBN 978-7-5474-1190-2

Ⅰ.①我…　Ⅱ.①尹…　Ⅲ.①北京市—概况—青年读
物②北京市—概况—少年读物　Ⅳ.①K921-49

中国版本图书馆 CIP 数据核字（2014）第 029197 号

责任编辑　李新宇
装帧设计　林静文化
主管部门　山东出版集团有限公司
出版发行

社　　址　济南市经九路胜利大街 39 号　邮编 250001
电　　话　总编室（0531）82098470　（010）61536005
　　　　　市场部（0531）82098479　82098476（传真）
网　　址　http://www.hbcbs.com.cn
电子信箱　hbcb@sdpress.com.cn
印　　刷　北京山华苑印刷有限责任公司
规　　格　165 毫米×225 毫米
　　　　　12 印张　40 幅图　112 千字
版　　次　2014 年 3 月第 1 版
印　　次　2014 年 3 月第 1 次印刷
定　　价　23.50 元

月是故乡明

"中国梦　家乡情"丛书出版了，可喜可贺！

对家乡故土的眷恋可以说是人类共同而永恒的情感，对家乡和祖国充满热爱与牵挂，更是具有深厚文化底蕴和历史积淀的中华民族传统美德。

"乡愁是一枚小小的邮票，我在这头，母亲在那头。"台湾著名诗人余光中的《乡愁》诗曾在海峡两岸同胞心中激起强烈的共鸣。诗人把对亲人、家乡、祖国的思念之情融为一体，表达出远离故乡的游子渴望叶落归根的浓郁而又强烈的家国情怀。纵览历史长河，历代志士文人留下了多少对家乡魂牵梦萦的不朽诗篇，激励着一代代中华儿女的爱国思乡情怀。李白的"举头望明月，低头思故乡"、杜甫的"露从今夜白，月是故乡明"，无一不是抒发浓浓的思念故土之情。

民族传统文化是一条奔流不息的长河，从古至今，绵延不绝。家乡是一棵枝繁叶茂的大树，守护着我们的生命，铭记着我们的归属。而薪火相传的家乡文化则是一方沃土，拥有着最厚重、最持久、最旺盛的生命力，滋养着一代又一代的青少年茁壮成长。中国有着九百六十万平方公里的土地和辽阔的领海，山河壮丽，幅员辽阔，物华天宝，人杰地灵。不同的地域有着不同的源远流长的家乡文化，辉煌灿烂，博大精深，特色鲜明，各有千秋。

　　一方水土孕育一方文化，一方文化影响一方经济、造就一方社会。在中华大地上，不同地域有着不同的自然地理环境、民俗风情习惯、政治经济情况，形成了各具特色的地域文化。中国是世界上最古老的文明国家之一，有着几千年光辉灿烂的文明历史，行政区划的历史也十分悠久。从公元前688年的春秋时期开始置县，中国的行政区划至今已有2500多年的历史。作为最高一级的行政区划单位，省级行政区域的设立和划分起源于元朝。后来不同朝代和历史时期多有调整，到目前为止，我国共有23个省、5个自治区（自治区是中国少数民族聚居地方实行民族区域自治而建立的相当于省的行政区域）、4个直辖市（直辖市是人口比较集中，在政治、经济、文化等方面具有特别重要地位的省级大城市）、2个特别行政区（特别行政区与省、自治区、直辖市同属直辖于中央人民政府的地方行政区域）、此外，台湾作为一个省份，

也是中国领土不可分割的组成部分。这套丛书即是以省级行政区划为单元分册编写的。

这套丛书以青少年为阅读对象，力求内容准确可靠，详略得当，行文通俗，简洁流畅，注重知识性、趣味性、可读性，让青少年较为系统地了解家乡的自然环境、山川河流、资源物产、悠久历史、杰出人物、文化遗产、民俗风情、名胜古迹、经济建设……感受祖国各地的家乡之美。通过这些文化元素的熏陶，培养青少年对祖国和家乡的朴素感情，引导青少年热爱生于斯、长于斯的这片沃土，陶冶情趣，铸造性情。希望广大青少年认真阅读，汲取这套家乡文化读本中的精华，进而树立热爱家乡、热爱祖国的决心和信念，为建设家乡、建设祖国贡献力量。

（原新闻出版总署署长）

2014年2月6日

目 录 CONTENT

第一章

北京的自然环境

　　八达岭长城典型地表现了万里长城雄伟险峻的风貌。作为北京的屏障，这里山峦重叠，形势险要。气势极其磅礴的城墙南北盘旋延伸于群峦峻岭之中，视野所及，不见尽头。依山势向两侧展开的长城雄峙危崖，陡壁悬崖上古人所书的"天险"二字，确切地概括了八达岭位置的军事重要性。

∧ 北京燕山风光

第一节　自然环境概述

一、地质、地貌

　　北京位于华北平原西北边缘，并与天津相邻，且被河北省环绕。北京的西、北以及东北为群山所环绕，东南方是缓缓向渤海倾斜的北京平原。北京平原的海拔高度一般在 20—60 米之间，山地一般海拔为 1000—1500 米。北京平原与河北交界的东灵山海拔为 2303 米，是北京市最高峰。北京总体的地势走向是西北高、东南低。北京市境内贯穿五大河，相继是东部的潮白河、北运河，西部的永定河以及拒马河和蓟运河。北京市北部是燕山山脉的军都山，其西部是太行山山脉余脉的西山，两山在南口关沟相交汇，从而形成一个向东南展开的半圆形大弯，其被人们称之为"北京弯"。它所围绕的小平原即是北京小平原。由此来综观北京地形，依山襟海，形势雄伟。诚如古人所言："幽州之地，左环沧海，右拥太行，北枕居庸，南襟河济，诚天府之国。"北京全市土地面积 16411 平方公里。其中平原面积 6339 平方公里，占 38.6%。山区面积 10072 平方公里，占 61.4%。城区面积 87.1 平方公里。

　　按北京所处的地理位置来说，北京市西临黄土高原、南接大平原、北接内蒙高原，因此正是处于三级地势阶梯交接处。而又由于北京市北有山

∧俯瞰燕山

脉的天险可守,南又有水陆交通之便,所以古人说它"形胜甲天下,山带海,有金汤之固……诚万古帝王之都",又有"天府"、"神京"之称。北京弯内地势走势是西北高东南低,弯内平原面积占三分之一,山地面积占三分之二。这一独特地形是经过 20 亿年左右的地质史逐渐演进而成的。

1. 地质构造

早在 20 亿年前的"吕梁运动"时,从东北到山西,以及包括北京地区,都曾是一片汪洋大海。正是 14 亿年前的"燕山运动",才形成了北京地区西北高东南低的重要地势。在距今约 7000 万年的时候,在北京西山东麓的八宝山、黄庄一带底层发生断裂,致使西部上升为山地,东部下陷为平原。而直至距今 900 万年时,才形成了北部山区的"延庆断陷盆地",距今 4 万年时,延庆盆地再度陷沉,才成为现在北京弯之格局。而北京市

在地质构造上正处于华北中部地区的燕山沉降带的西部上。北京地区的断裂构造在北部山区的主要有：怀柔县长哨营至密云县的古北口断裂带；密云县沙厂至墙子路断裂带；官厅山峡地区有门头沟区燕家台至沿河城断裂带和灵山断层，长数十公里。平原地区凹陷隆起的边缘，都为大断裂所控制，如黄庄——高丽营断裂，永乐店——马房断裂。这些大断层之间往往分布着许多较小的断裂破碎带。活动大断裂带的拐弯、分叉、两端和交汇部位，以及有断陷盆地的地方容易产生地震。北京地区的主要活动断裂带有：平谷至三河断裂带；石景山区八宝山至顺义区高丽营断裂带；河北省怀来县至延庆断裂带；昌平区南口至朝阳区孙河断裂带。在这些地带，历史上都曾发生过较大的地震，而且也是活动较强烈的地带。

2．北京地貌

中生代的燕山运动造成了北京地区的基本地形架构：西部山地、北部山地和东南平原三大地貌的格局。山地面积大约占全市面积的 62%，平原大约占 38%。地貌类型主要有山地、丘陵、平原、山间盆地等。并且北京已探明储量的矿产有 40 余种：以煤、铁、石灰石等最为丰富；其次为硅石、大理石、花岗石、铜、锌、铅、金、银等有色金属。此外，北京有大小河流 200 余条，主要有五大水系，永定河、潮白河、北运河、拒马河、蓟运河、五大河流，并多属海河水系，大多发源于西北山地或蒙古高原，向东南蜿蜒于平原之上，最后汇入海河后注入渤海。北京水资源较贫乏。北京的水资源主要来源于地表径流和地下水，总量约有 42 亿立方米。北京主要水库有官厅水库、密云水库、怀柔水库、海子水库等水利设施。

北京东、西、北三面环山，东南为平原。北京的地貌呈明显的层状结构，据科学家分析，北京的地质结构还处在不断上升的过程中，但它的活动是间歇性的，具有隆起阶段与宁静阶段交互出现的地壳活动特征。地貌的成层性，在一定程度上引起了其他自然要素的水平和垂直分异，为农、林、牧业生产提供了分层布局的可能性。北京市总的地势是西北高，东南低。

最高点与最低点的相对高差 2295 米，这为农、林、牧业的综合发展，提供了必要的地貌基础。北京的植物种类异常繁多，以菌、禾本、豆、蔷薇等科为优势种类。原始森林植被为北温带落叶阔叶林已破坏无存。林地主要为天然次生林和人工林，以松栎林、杨桦林、杂木林等群落和果林、经济林为主。

二、北京的山川

1. 灵山

灵山位于京西门头沟的西北部，距京城 122 公里，顶峰海拔 2303 米，是北京的第一高峰，北京的屋脊。由于海拔高度所致，使灵山在方圆 25 平方公里范围内形成北京地区集断层山、褶皱山，奇峰峻峭、花卉无限的风光为一体的自然风景区。

这里天然景观独特，夏季气候变幻莫测，山间云雾缭绕，既有暖温带植被又有西伯利亚寒冷地带亲缘植被，生长着杜鹃、丁香、白桦林和榛子、

‹北京的屋脊—灵山主峰

黄花、玫瑰等植物，尤以高山草甸最为著名，是新疆细毛羊、伊犁马、青藏牦牛在北京唯一的天然繁衍养殖场。这里是野生动物的乐园，山林里活跃着松鼠、野兔、山猪、狍子等野生动物，还有可能见到稀世珍禽褐马鸡。

2. 雾灵山

雾灵山位于北京东北方向，燕山山脉主峰，海拔2118米。雾灵山古已闻名，北魏地理学家郦道元曾遍游雾灵山（北魏时称伏凌山），并在《水经注》中写道："伏凌山甚高峻，严嶂寒深，阴崖积雪，凝冰夏结，故世人因以名山也。"明代学者顾炎武在《昌平山水记》中记载："其山高峻，有云雾蒙其上，四时不绝。"明洪武年间，中丞刘伯温曾到边陲重镇曹家路巡视，将这里命名为"雾灵山清凉界"并刻于一巨大花岗岩上。

雾灵山东临渤海，高耸于燕山山脉，是暖温带落叶林区向温带针阔混交林区过渡带，年降水量可达800毫米以上，由于雾灵山山体较为高大，云雾常年笼罩山川，因此雾灵山在温带区域中有得天独厚的自然地理优势。雾灵山自然保护区内拥有森林近20万亩，拥有国家级保护植物10种、国家级保护动物17种；有高等植物1870种，陆生脊椎动物172种，昆虫5000种左右。雾灵山内包含华北、东北、内蒙古三大区系的植被，各种植物成份兼而有之。森林垂直分布明显，共5个垂直带。雾灵山的森林垂直

密云雾灵山＞

北京的自然环境

分布目前还处在一种动态的良性演替之中，森林结构较为复杂和富于变化。雾灵山保存了完整的温带森林生态系统，因此，被专家誉为"华北物种基因库"和"京东绿色明珠"，是全球北温带风光的极佳代表。

3. 百花山

　　百花山位于北京门头沟西部黄塔乡黄安陀村南，此处群峰挺拔，四季如春，繁花似锦。百花山主峰海拔 1991 米，是北京的第三高峰。百花山面积 17 平方公里，森林覆盖率为 91.2%，以天然次生林为主。主要树种有山杨、桦树、椴树、栎树和五角枫等。人工林主要是落叶松、油松、云杉等。1985 年建成市级自然保护区，百花山集山势峭拔和瀑布激流于一体。登高峰可以观赏云海、日出以及群峰险峻；入峡谷可以观赏大瀑布 —— 百花山瀑布落差 150 米，水幅宽 15 米，飞奔而下，气势非凡，声动山林。保护区以"花"最为著名。三月初春来临，山桃花等最先开放；随着气候转暖，百花山就成为花的世界。二月牡丹、月季花、胭脂花、野丁香、蝴蝶花、杜鹃花等等争奇斗艳，还有刺五加、五味子、党参等 200 多种草药。

<百花山晨曦

植物种类多达 600 余种，百花之山名副其实。 保护区还以"天然动物园"而闻名。野生动物主要有狍子、野猪、狐狸、刺猬、野山羊、狼、獾以及稀有动物红蝮蛇等。还有多达 300 余种的鸟类，每当春秋两季候鸟迁徙时，这里就成为各种鸟类聚集的地方。百花山的景观特点是其保护完好的原始风光，因此这里是自然探索的绝佳去处。

4．妙峰山

妙峰山位于京西门头沟区境内，门头沟区与昌平县界山，属太行山余脉。位于北京西北 30 余公里，距市区 55 公里，海拔 1291 米，面积 20 平方公里。旧名仰山，以"古庙"、"奇松"、"怪石"、"异卉"而闻名。因山势雄峻，五峰并举，妙高为其一，故亦称妙高峰。

妙峰山峰低天阔，空气清新，灌木群英，生机盎然。有大量木本植物和优质药材，各类奇花异卉四季常开，山桃花、野丁香、野茉莉、杜鹃花、麦杆菊、千亩玫瑰花、千亩梨花此开彼落，形成了"四面有山皆如画，一年无日不看花"的特有景致。

妙峰山秋色＞

　　　　　　　　　　　　　　北京的自然环境

妙峰山浓聚各名山之奇景，汇聚人间福地之精华，境内古寺、名胜众多，著名的有辽代皇家名刹仰山栖隐寺、大云寺、宛平八景之一，名"灵岩探胜"的滴水岩、末代皇帝溥仪的英文老师庄士敦的别墅等遗址，可谓"山为佛生景，佛为山增色"，二者相得益彰。

5. 上方山

上方山位于京郊西南房山区岳各庄镇境内，是山岳型自然风景区，拥有华北地区唯一保存完好的原始次生林。上方山茫茫林海，峰峦叠嶂，有水皆清，万壑鸟鸣。山花烂漫的上方春色，苍翠欲滴的上方夏日，红叶满山的上方秋色，雪被松柏的上方银裹，构成了变幻无穷的森林景观。5300多亩的原始次生林孕育了北京地区最大的名木古树群，公园内共有一级古树51株，二级古树4000余株。其中以松树王、柏树王、槐树王、银杏王为首的四大千年树王各显风姿，各领风骚。上方山是森林的世界、植物的王国，我国特有以及北京地区首次发现的多种植物在上方山均有分

∧上方山国家森林公园

布。其中香椿、黄精、拐枣被称为上方山"三宝"，载誉北方，闻名久远。上方山负氧离子浓度为一般空气中的 8 倍，有"天然氧吧"之美誉。穿梭于山林之间的野生猴群，更为这片秀美的山林增添了几分生机和灵气。远离都市的喧嚣，来到寂静、秀美的森林和花丛中登山、健身、吸氧、洗肺，即能充分享受人与自然的和谐相处，又能在不知不觉中收到强身健体、治病怡神的功效。

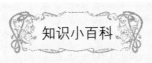

知识小百科

上方山岩溶地貌

上方山古洞众多，最称奇的有九洞，皆天然形成，这些古洞各具形态，令人叹为观止。九洞之首为云水洞，是我国华北地区最早开放的溶洞，素有"幽燕奥室"之称。早在1400多年前，云水洞便有僧人的行迹。洞内108处景观皆为历代僧人命名而成，是上方山历史文化的结晶，使云水洞成为一座名副其实的历史文化名洞。云水洞内各种岩溶沉积物种类齐全，形态各异。由钟乳石、石笋、石柱、石幔形成的天然景观栩栩如生，惟妙惟肖。第二大厅中高大38米的石笋，被誉为"擎天柱"，居亚洲第一，世界第三。洞中的石钟、石鼓、石琴能够敲击出悦耳动听的音乐，令人在惊叹中感叹大自然的鬼斧神工。

6. 香山

香山位于北京西北郊小西山山脉东麓，距城 20 公里，占地 160 公顷。主峰香炉峰（俗称鬼见愁）海拔 557 米。香山地势崛峻，峰峦叠翠，泉沛林茂。公园内人与自然和谐相处，鸟啼虫鸣，松鼠嬉闹于沟壑林间。这里春日繁花似锦、夏时凉爽宜人、冬来银妆素裹。尤其是深秋时节，10 万株黄栌如火如荼，气势磅礴，曾被评为"北京新十六景"之一。

香山公园文物古迹丰富珍贵，亭台楼阁似星辰散布山林之间。这里有燕京八景之一"西山晴雪"；这里有集明清两代建筑风格的寺院"碧云寺"；

这里有国内仅存的木质贴金"五百罗汉堂";这里有迎接六世班禅的行宫"宗镜大昭之庙";这里有颇具江南特色的古雅庭院"见心斋";这里有世纪伟人毛泽东和中共中央进驻北平最早居住和办公的地方,双清别墅;这里有世纪伟人孙中山先生灵柩暂厝地—碧云寺金刚宝座塔。

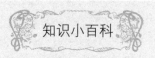

知识小百科

香山红叶

香山红叶,闻名中外,为西山风景区中的一大奇观,也是"燕京八景"之一。每年秋天,漫山遍野都是观赏红叶的人群。香山红叶历来驰名,"香山红叶好"的诗句传颂甚久。每当霜秋节,香山东南山坡上,十万余株黄栌树迎晖饮露,叶焕丹红,其间杂以柿、枫、野槭等树,如火似锦,极为壮美。乾隆年间所定"香山二十八景"中的"绚秋林"即指此处。香山红叶并非枫叶,而是黄栌树叶。这种树属漆科树,落叶灌木,叶呈卵形或倒卵形,木质中含大量黄色素,故此得名。游人适时来到玉华山庄,凭高远望,可以饱览到"霜叶红于二月花"的绮丽景象。

<香山红叶

我爱北京

7. 百望山

百望山位于颐和园北 3 公里处，京密引水渠绕园而过。主峰海拔 210 米，突兀挺拔，有"太行前哨第一峰"的美称。百望山又名望儿山，相传北宋杨六郎与辽兵在此山下鏖战，佘太君登山观阵助威，此山因此得名。百望山四季景色宜人。山花灿烂，生机盎然；夏木荫翳，清幽凉爽；秋意感人，红叶傲霜；冬雪漫卷，银装素裹。首都绿色文化碑林坐落在园区，依山就势，建亭设廊。公园还建有望京楼、览枫亭、望绿亭、回首亭、友谊亭等多处登高、观景的好去处。

8. 蟒山

蟒山国家森林公园位于昌平区十三陵水库东侧，距京城约 40 公里，是北京面积最大的国家森林公园。蟒山公园有五奇。一是山上树木品种多，森林覆盖率高，176 个观赏树种，异彩纷呈，86% 的覆盖率，形成层峦叠嶂。春天山花烂漫，秋天栌叶飘丹，山林奇景，美不胜收。二有北方最大的石雕大佛，慈面善心，笑迎八方游客。大佛周围十二属相，惟妙惟肖。三是北京最长的登山台阶，由 3666 块条石铺就。四有北京最高的仿古明塔和彩绘长廊可望京城，可观秀水山色。五有高山天池，是国内最大的人工天池，蓄水后可环湖游览，可入湖飞舟。

三、北京的河流

北京周围的太行山和燕山山脉汇集的雨水，形成了永定河、潮白河、北运河、蓟运河、拒马河五大水系，成为城乡和工农业用水的宝贵资源。

1. 永定河

　　永定河被称为"北京母亲河"的永定河已有 300 万岁的年纪，技术人员通过对永定河冲积物的研究发现，永定河最早的沉积物——泥砾岩形成年代距今约 300 万年。2004 年，国土资源部与北京市政府联合开展北京市多参数立体地质调查，对北京平原区进行了大规模的第四纪地质调查。永定河是北京地区最大河流，海河五大支流之一。永定河位于北京的西南部。全河流经山西、内蒙古、河北、北京、天津五省市，入渤海，全长 740 多公里（含永定新河），是海河水系北系的最大河流，流域面积为 47016 平方公里。上游有两大支流，南为桑干河，发源于山西省宁武县管涔山；北为洋河，发源于内蒙古兴和县，汇合于河北省朱官屯，开始称永定河。发源于北京延庆县的妫水河也流入永定河。永定河早期从北京城北穿过，地下水丰富，形成圆明园风景区的自然件。后来河道向西南迁移，经海淀、西直门、积水潭、北海、中海、南海、龙潭湖，流至东南马驹桥，最后才改道市区西南，成为今天的走向。

<永定河

永定河的传说

由于地势原因，古时，永定河流域常常水患连连，对北京城内城外造成极大威胁。百姓为避免灾患，安稳生活，由此产生了许多脍炙人口的永定河传说，其具代表性的是"河挡挡河传说""石景山和湿经山传说""永定河镇水牛传说""王老汉栽种河堤柳传说""冯将军严惩老兵痞传说""麻峪村由来传说""刘娘府传说"等。这些传说的基本特征与史实和神话紧密相联，如河挡挡河传说与刘靖治河史实有关，王老汉栽种河堤柳传说是古代治河在河堤栽种柳由来，冯将军严惩老兵痞传说更具史实依据，而石景山、湿经山和石经山源于《西游记》唐僧取经的神话。永定河传说形象生动，内容丰富，具有浓厚的地方色彩，是永定河人民智慧的结晶，同时折射出当地百姓为制服水患，与大自然不懈抗争的斗志和精神。

2. 潮白河

潮白河是京东第一大河，也是海河水系五大河之一，贯穿北京市、天津市和河北省三省市。潮白河已建成5闸8桥，即：牛栏山桥、向阳闸桥、俸伯桥、潮白河大桥、河南村闸桥、柳各庄闸桥、苏庄闸桥、沮沟橡胶坝，实现了五级梯级蓄水。潮白河由潮河、白河两大支流组成。潮河源于河北省丰宁县，南流经古北口入密云水库。白河源出河北省沽源县，沿途纳黑河、汤河等，东南流入密云水库。出库后，两河在密云县河槽村汇合始称潮白河。潮白河西南流经牛栏山进入平原，经顺义、通县入北运河。1912年，潮白河在顺义李遂镇决口，部分河水夺箭杆河流入苏运河。长90公里（河槽村到入北运河），流域面积19500平方公里。潮白河上游山区谷深河窄，苏庄以下进入平原，河床比降小，河谷开阔，易泛滥成灾。1950年开挖潮白新河，后又兴建密云和怀柔水库，控制山区洪水。密云水库的水分两股进入潮白河系。一股经天津入海，供天津生活用水；一股经京密引水渠、怀柔水库流入北京市区，是北京重要水源之一。潮白河入北京，经密云、怀柔、顺义、通县入北运河，北京境内长100多公里，苏庄以上山区流域面积17200平方公里。潮白河由于河水已经全部被开发利用，密云水库大坝以下河段多年断流。除暴雨过后在沙坑内可存有少量积水外，顺义橡胶坝以下基本处于干涸状态。但2011年汛期雨量较常年偏多，箭杆河雨后形成地表径流，汇入潮白河河道后在京平高速桥和通燕高速桥之间约15公里的河道内形成大面积湖面，并在远离居民小区的河段形成天然湿地景观。

<潮白河

3. 北运河

北运河，即我国南北大运河的北段，位于永定河与潮白河之间。北运河水系包括通惠河、沙河及小中河，至通县与通惠河相汇合后始称北运河，北关以上流域面积约2470平方公里。北运河流经北京北部和东部地

我爱北京

区，其上游为温榆河，源于军都山南麓，自西北而东南。北运河是 7 世纪初隋朝开凿的南北大运河的最北段。北京城近郊区的河流，如北面的清河、南面的凉水河等几乎全注入北运河，是北京最主要的排水河道。北运河是我国南北大运河的北段，自北京通县至天津入海河处，长 186 公里，系元朝利用白河下游河道修竣而成。北运河河身狭窄，洪水期宣泄不畅，故下游多以减流分洪、洼淀放淤，如青龙湾减河、筐儿港减河等分别分洪于七里海与金钟河。北运河古称"御河"，是天津重要的一级河道，海河干流的重要组成部分，承担着防洪、引滦输水任务。天津市于 2001 年实施北运河综合治理工程，工程总投资 4.7 亿元，修建滦水园、北洋园、御河园、娱乐园 4 座主题公园，新建橡胶坝 1 座、桥梁 3 座、码头 18 个，新增绿地 90 万平方米，河道水面和绿化总面积达 210 万平方米。经过综合治理后的北运河，河水清澈，堤岸翠绿，泄洪畅通，环境幽雅，旅游资源丰富，成为一条靓丽的风景线。

4. 蓟运河

蓟运河，其水系在北京境内有沟河、错河、金鸡河，大多在平谷县境内，市区流域面积约 2000 平方公里全长 144.54 公里。蓟运河流经本市蓟县、宝坻、宁河、汉沽四个区县，止于汉沽区蓟运河防潮闸，经永定新河入海。长期以来，由于蓟运河河道蜿蜒曲折、主河槽过水断面小、堤身薄弱、堤防下沉、高程不足，险工险段多等原因，已成为本市防洪的一大难点和隐患。在 20 世纪 70 年代初根治海河工程中，虽对干流河道部分河段进行了治理，但未达到设计治理标准，加之 1976 年受唐山大地震破坏和地面沉降影响，导致河道过流能力普遍降低，堤防闸涵等工程设施严重老化失修，堤防险工险段多，极大地影响和制约了本市蓟县、宝坻、宁河、汉沽四个区县和下游滨海新区的人民生命财产安全和经济开发开放，急需进行全面治理。自 1992 年开始，天津市水利部门每年都安排实施蓟运河防洪险工险段治理工程，截至 2005 年已累计治理险工堤防 110 公里。本次蓟运河防洪险

北京的自然环境

工治理工程投资 1545 万元，重点对目前蓟运河最危险、最薄弱的宁河县板桥镇险工段进行治理，按照国家 3 级堤防标准加固蓟运河左堤 3.17 公里，修建宽 4 米的上堤防汛专用道路 1 条和涵闸 2 座，使治理后的蓟运河宁河县板桥镇段堤防达到 10 年一遇防洪标准和 5 年一遇排涝标准，整个工程计划于 6 月 30 日主汛期到来前竣工并发挥防洪减灾效益，扭转蓟运河险工段每年汛期防洪抢险的被动局面，确保河道周边沿线人民群众生命财产安全和经济社会发展。

5. 拒马河

拒马河，拒马河是河北省内惟一的一条长年不断的河流，是北京市五大水系之一，属于大清河支流。拒马河发源于河北省涞源县的西北太行山麓，并在北京市房山区十渡镇套港村入市界，其流经十渡风景区、张坊镇以及南尚乐乡。拒马河在张坊镇张坊村分为南北两支。其北支为北拒马河，其流经南尚乐乡后于二合庄村东出市境，直至东茨村以下称白沟河，在白

<拒马河

我爱北京

沟镇与南拒马河汇合后流入大清河。拒马河干流长 254 公里，市境内干流长 61 公里，其流域面积达 433 平方公里。拒马河河床宽 200—1000 米。拒马河源头的泉水温度，常年保持在 7℃ 左右，因此也就成为冬季北方最大的不结冰的河流。拒马河因水流大流速快，其对所经山地切割、冲蚀作用强烈，因此两岸多形成两壁陡峭的峡谷。拒马河从涞源发源并流经著名的旅游胜地野三坡、十渡，从而形成一条百里画廊。拒马河是北京西南部一条黄金旅游线路。拒马河景区不仅风光秀丽，而且也拥有众多的文物古迹和自然风光。拒马河的名称由来是在公元 308 年至 318 年，石勒羯族将领曾率十万大军从太行山区攻掠河北内地。拒马河抗拒入侵兵马。因此，这条河流被称为"拒马河"。

四、北京的水库

1. 密云水库

华北地区第一大水库，在北京市东北部、密云县中部，西南距北京城 70 余公里。密云水库坐落在潮、白河中游偏下，系拦蓄白河、潮河之水而成，库区跨越两河。有主坝 2 座、副坝 5 座。除走马庄副坝为心墙和均质土坝外，其他大坝均为碾压式粘土斜墙坝，坝面衬砌石块。水库按千年一遇洪水设计，最大水深 60 米，最高水位水面面积达 188 平方公里，最大库容 43.75 亿立方米。控制潮白河流域面积为 15788 平方公里，占该河总流域面积的 88%。其他配套工程有溢洪道三处、泄洪隧道四条、调节池一处、水电站两座和京密引水渠等。

密云水库建成后，从根本上消除了潮、白河的水害，使其下游 600 多万亩良田免遭水灾，400 万亩旱地变成水浇田，新辟河滩荒地 100 万亩。该水库担负着供应北京、天津及河北省部分地区工农业用水和生活用水的

<密云水库

任务，成为首都最重要的水源。两座发电站装机容量为 9.64 万千瓦，年发电量 1.15 亿度左右。库内年产淡水鱼 300 万公斤。所以，密云水库具有防洪、灌溉、供水、发电、养殖、旅游等综合效益。

2. 官厅水库

<官厅水库

我爱北京

官厅水库位于河北省张家口市和北京市延庆县界内，是新中国成立后建设的第一座大型水库；官厅水库主要水流为河北怀来永定河，为防洪、灌溉、发电发挥了巨大作用。官厅水库曾经是北京主要供水水源地之一。20世纪80年代后期，库区水受到严重污染，90年代水质继续恶化，1997年水库被迫退出城市生活饮用水体系。官厅水库沿岸修建了园林，为北京附近风景区。官厅水库在面积上与密云水库不相上下，被夹在两列山脉之间，水质良好，水面开阔。在南岸一侧有着陡峭的岩岸和细腻的沙滩，再加之附近沙地上盛产的糖度极大的各种水果，以及便利的交通，对北京人来说，实在是一个周末休闲度假的好去处。

3. 十三陵水库

　　十三陵水库位于北京市昌平区境内，距北京城区40公里，因建在明十三陵南面而得名。十三陵水库是1958年毛泽东号召修建的，当年6月30日胜利建成。水库面积是颐和园里的昆明湖的20倍，总蓄水量为6000多万立方米。水库大坝建在蟒山和汉包山之间，总长627米，高29米。

<　毛泽东题写的"十三陵水库"

　　　　　　　　　　　　　　　　　　　　　　　北京的自然环境

大坝外坡上有毛泽东主席亲笔题写的"十三陵水库"五个大字，用汉白玉石块镶砌于紫色的安山岩护坡上，十分壮观。

前些年因干旱少雨，使得十三陵水库蓄水量越来越少，1984 年将延庆县白河堡水库的水引来，水库重振雄姿。补水工程完工后，水面宽阔如初，水质清澈碧绿。特别是中日合资在水库"孤山"修建北京九龙游乐园后，中外游人来此观光、使得游客更是络绎不绝。

五、北京的气候特点

北京的气候为典型的暖温带半湿润大陆性季风气候，北京气候的主要特点是四季分明。春季干旱，夏季炎热多雨，秋季天高气爽，冬季寒冷干燥，春、秋短促；风向有明显的季节变化，冬季盛行西北风，夏季盛行东南风。四季气候特征如下：

春季：气温回升快，昼夜温差大，干旱多风沙。春季随着太阳高度角的逐渐增大，白昼时间加长，地面所得热量超过支出，因而气温回升迅速，月平均温可升高 9—6℃，3 月平均温 4.5℃，4 月为 13.1℃。白天气温高，而夜间辐射冷却较强，气温低，是昼夜温差最大的季节。一般气温日较差 12—14℃，最大日较差达 16.8℃。此外，春季冷空气活动仍很频繁，由于急剧降温，出现"倒春寒"天气，易形成晚霜冻。并多大风，8 级以上大风日数占全年总日数的 40%。当大风出现时常伴随浮尘、扬沙、沙暴天气。春季降水稀少，加重春旱，素有"十年九春旱"之说。

夏季：酷暑炎热，降水集中，形成雨热同季。夏季除山区外，平原地区各月平均温都在 24℃以上。最热月虽不是 6 月份，但极端最高温多出现在 6 月份。进入盛夏 7 月，是全年最热月份，平均温接近 26℃，高温持久稳定，昼夜温差小。夏季降水量占全年降水量的 70%，并多以暴雨形式出现。因此，山区易出现山洪，平原造成洪涝，暴雨是北京夏季主要

我爱北京

八达岭长城秋色>

自然灾害之一。此外，山区热对流作用较强，形成局部地区雷阵雨，并伴有冰雹，给农业造成一定损失。

　　秋季：天高气爽，冷暖适宜，光照充足。入秋后，北方冷空气开始入侵，降温迅速。因此，初霜冻的过早来临时有发生。

　　冬季：寒冷漫长。冬季长达 5 个月，若以平均温 0℃以下为严冬，则有 3 个月（12—2 月）。隆冬 1 月份平原地区平均温为 −4℃ 以下，山区低于 −8℃，极端最低气温平原为 −27.4℃。冬季降水量占全年降水量的 2%，常出现连续一个月以上无降水（雪）记录。冬季虽寒冷干燥，但阳光却多，每天平均日照在 6 小时以上，为开发利用太阳能创造了有利条件。

第二节 北京行政区划

　　解放后北京的行政区划范围经过五次调整，直到 2010 年形成了今天

北京的自然环境

14区、2县的格局。截至2010年，北京共有140个街道办事处、142个建制镇、35个建制乡、2554个社区居委会和3955个村民委员会。其中地处北京二环路以内的东城区、西城区两个区是传统上的内城区，而随着城市的扩张，朝阳区、海淀区、丰台区和石景山区也被认为是城内地区，形成了"城六区"的概念。规划中北京市城区的范围是北京五环路以内。近年来随着城市化进程的加快，先后有数个近郊县改为区。由于北京市政治、文化中心的定位，工业重心正在逐渐外移。2010年7月1日，中国国务院正式批复了北京市政府关于调整首都功能核心区行政区划的请示，同意撤销北京市原东城区、崇文区，设立新的北京市东城区，撤销北京市原西城区、宣武区，设立新的北京市西城区。首都的核心功能区包括东城区和西城区；城市功能拓展区包括海淀区、朝阳区、丰台区和石景山区；城市发展新区包括通州区、顺义区、房山区、大兴区、昌平区；生态涵养发展区包括怀柔区、平谷区、门头沟区、密云区、延庆区。

∧ 北京行政区划图

第二章

悠久的北京历史

北京是一座历史悠久，文化荟萃的古城。我们的祖先很早就在这片土地上生息，劳动，繁衍，其历史至少可以上溯到距今五十万年前的"北京人"时代。在漫长的历史岁月中，一代又一代的"北京人"不断创造着人类的物质文明和精神文明，从未间断历史的进程。

∧人民英雄纪念碑浮雕"五四运动"

第一节　北京历史的开端

北京西南房山区周口店镇有一座小山，南北长约 220 米，东西宽约 190 米，海拔高约 145 米。山上盛产石灰，人们经常在石灰岩山洞或山岩裂隙中拣寻动物的化石卖给中药店，这些化石被称为"龙骨"，小山因而得名"龙骨山"。

19 世纪，从周口店流传到国外的龙骨，引起国外古生物学家、古脊椎动物学家的注意，并以其为材料，发表了论文。1918 年，瑞典地质学家安特生，在对该地区的煤矿进行调查时，采集到一些啮齿类动物化石。1921—1923 年，奥地利古生物学家师丹斯基与安特生合作，再次对周口店地区进行调查，发掘出大量哺乳动物化石，其中包括两颗人类牙齿化石，一颗为石化很深的人类上臼齿，一颗为尚未露出颌骨的人类前臼齿。

1926 年 10 月，周口店发现人类化石的消息正式发布，引起中外学术界的震动。随后由中国地质调查所主持，于 1927 年开始对周口店遗址进行系统发掘，当年即发现一颗保存良好的人牙。"北京人"这个名字是当时任协和医学院教授的加拿大人步达生于 1927 年提出的，其根据就是上述的 3 枚牙齿。从 1927—1937 年，断断续续在这里进行了十年的发掘工作，不断有新的人类化石被发现，使北京人的面貌日渐清晰。

闻名世界的猿人洞，又称周口店第一地点。它位于龙骨山北坡，系一个天然大洞穴，东西长 140 米，南北向的最大宽度约 40 米。本世纪 20 年代发现这个溶洞时它的洞顶早已不复存在了，洞内的沉积物总厚度超过 50 米，可划分为 17 层。

1929 年 12 月 2 日下午 4 时，中国考古学家、古生物学家裴文中发现了被称为科学之宝的第一具完整的北京人头盖骨化石。这一发现轰动世界，但这具人头盖骨至今下落不明。

　　1936 年在考古学家贾兰坡的主持下，又有 3 具完整的头盖骨化石被发现。

　　迄今为止，周口店发现的北京人化石有：完整的和比较完整的头盖骨 6 具，头骨破片（包括单独的面骨）12 件，下颌骨 15 件，牙齿 157 颗，股骨断片 7 件，胫骨 1 件，肱骨 3 件，锁骨 1 件，月骨 1 件。这些化石分属于 40 个不同的男女老少个体。这批化石资料分别发现于第一地点的第 3—10 层。

　　周口店猿人的体质特征，有些部位明显与猿相似，有些则更接近于现代人，其余则多介于二者之间。说明北京人比猿类已有了质的进步与飞跃，而其体质特征发展不平衡，则说明人类进化过程中，四肢与脑的功能分化和进化是有先后之分的。北京人的平均脑量为 1059 毫升，而五个成年头骨脑量的平均值为 1088 毫升（现代人脑量为 1400 毫升）。据人类学家推算，北京人的平均身高为 156 厘米（男性）和 144 厘米（女性）。

　　根据专家对上述化石资料的研究分析以及考古学家对地层新的科学测定，周口店龙骨山遗址的北京人生活的年代距今约 50 万年至 24 万年。充分的实物证据表明几十万年前的北京人并不是过着简单的茹毛饮血的生活，他们在与恶劣的生存环境的斗争中，学会了制造石器和用火，这标志着他们已从动物界中分化出来，开始营造属于自己的世界。

　　历史发展到了距今 1 万年至 5000 年左右，北京这块"宝地"，已成为众多原始人部落的居住地。门头沟、昌平、平谷、房山等许多地区都发现了古人类活动遗址。他们开始学会了搭建住所、饲养家畜、结网捕鱼、烧土制陶，少女们甚至还学会了用贝壳串成项链来装饰自己。他们过着人人平均的原始公社的生活，并逐渐从蒙昧走向文明。

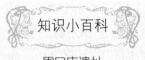

知识小百科

周口店遗址

周口店遗址现为国务院列为全国重点文物保护单位，1987年联合国教科文组织将其列入"世界文化遗产"。在周口店遗址被发现的半个多世纪以来，共发掘出6个较为完整的北京猿人头盖骨化石，但其中的五个在战争年代神秘失踪，至今下落不明。为更好地保护与介绍这一遗址，1953年，龙骨山脚下建立了周口店遗址博物馆，现博物馆内共设4个展厅，分别展示北京猿人头盖骨模型、古人类用火遗迹、石制工具，居住洞穴模型以及龙骨山发现的古人类活动遗址、绘画、雕刻艺术等，系统地介绍了古人类的生活和不同时期古人类的活动。

第二节　秦朝以前的北京

蓟是古燕国的都城，也就是今天的北京。据史书记载，公元前11世纪时期，周武王克商以后，封帝尧之后于蓟，封召公奭于燕。燕因是周武王所封的主要诸侯国之一，因此燕国也是西周奴隶制国家的一个组成部分。而另一说是周以前就有燕国，因"蓟微燕盛"，最后燕侯并吞了蓟侯的土地，就以蓟作为燕国的统治中心了。这就是现在北京的前身。

据推测，蓟城即在今天北京广安门以北和白云观之南一带。从它受封之年公元前11世纪起，到最后灭于秦公元前年，一共有800多年的历史。燕国在西周和春秋时期，正是经历着由小到大，由弱变强的不断上升时期，并且在战国时期得到迅速发展，同邻近其他国家一样进入了封建社会，势力日益强大，崛起北方，争霸中原，号称七雄之一。燕昭王时，国势达到鼎盛时期。之后，在群雄兼并战争中，没有取得较大进展，最后终于被秦所灭，蓟城也随之并入秦的版图。秦灭燕之后，设置蓟县，故址在今北京城。幽州远古时代的九州之一。幽州之名，最早见于《尚书·舜典》："燕曰幽州。"两汉、魏、晋、唐代都曾设置过幽州，所治均在今天的北京一带。

燕都因古时为燕国都城而得名。战国七雄中有燕国，据说是因临近燕山而得国名，其国都称为"燕都"。以后在一些古籍中多用其为北京的别称。日下始见于《晋书》，颍川距晋国都洛阳极近，故称日下。后来唐朝诗人王勃作《滕王阁序》时有"望长安于日下，指吴会于云间"之句，即运用于此典故，此后便以"日下"为国都的代称。幽都唐代曾设置幽都县，辽时也曾设置过幽都府，所治在今天的北京一带。

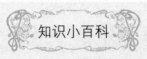

知识小百科

蓟城遗址

北京地区是战国七雄之一的燕国所在地，燕国以蓟城为都。建国以来考古工作者经过数十年的工作，为探寻蓟城位置提供了重要的实物资料。

50年代在蓟丘以南不到4公里处（广安门南700米外），曾发现战国遗址，出土饕餮纹半瓦当，这是燕国宫殿建筑常用的建筑构件。1956年在配合永定河引水工程的考古发掘工作中，发现151座春秋、战国至东汉时的陶井，其中战国36座，陶井分布最密集的地区是宣武门至和平门一带，共130座。1965年在配合市政工程的考古发掘中，发现65座战国至汉代陶井，陶井分布在陶然亭、白云观、姚家井等处。70年代又陆续在西单大木仓、宣武门、白纸坊、陶然亭、姚家井等处发现一批战国至汉代陶井。井是用一节节井圈套叠成圆筒状，井底还发现汲水的水罐等生活用品。很显然，这是生活水井，水井密集，说明当时人口很稠密。根据上述一系列考古发现，专家们推测蓟城应在发现陶井最密集的今北京城西南部宣武门至和平门一带。

我爱北京

∧ 蓟城纪念柱

第三节 秦汉至西晋时期的北京

蓟城在秦、汉至西晋时期，是中原王朝的北方重镇。秦置广阳郡，治所在蓟城。秦代设北京为蓟县，为广阳郡郡治。秦统一中国后，分全国为四十六郡，原来的燕国被分为上谷、渔阳等六郡，其中广阳郡的治所就在蓟城。秦以京师咸阳为中心，修筑的驰道直通蓟城。蓟城从一个诸侯国的都城，变为汉族统一的封建王朝的重要边镇，由诸侯的统治，被受命于中央集权封建国家的地方政权以代替。这是个很大的变化。秦始皇曾下令把战国时秦、赵、燕等分别修筑的北长城连接为万里长城。蓟城位于华北平原北端通向西北、朔北和东北地区的要冲，也处于居庸、古北、山海

悠久的北京历史

三条通道关隘的交汇点，秦驰道的修通与秦长城的修筑，加强了蓟城作为秦朝北郡重镇的地位。因此，蓟城就成了经由华北平原进入东北疆域的一个最为重要的城市，在汉族和东北少数民族关系上，起着非常重要的作用，这个作用包括经济、政治、军事、文化各个方面。从秦汉到隋唐都是如此。

在短短的十几年中，秦朝统治者为筑长城、修宫殿、造陵墓、戍五岭，进行这种大规模地徭役、兵役的征发，给人民包括蓟城人民在内带来了无穷的痛苦和灾难。秦二世元年七月，被征发戍守渔阳的农民，以陈胜为领导，在大泽乡点燃了起义的烈火。各地人民纷纷响应，蓟城地区的农民也群起杀死地方官吏，占据蓟城。九月，参加起义的土谷卒吏韩广率军到蓟城自立为燕王，以蓟城为根据地同秦军作战。燕派减荼率军和赵、魏、齐各部义军一道，还参与了具有决定意义的"巨鹿之战"，摧毁了秦军的主力，为刘邦军入关灭秦创造了有利条件。在这次大战中，英勇善战的蓟城人民立下了不朽的功绩。因燕将减荼助楚救赵有功，被项羽立为燕王，都蓟城。原燕王韩广立为辽东王，后为减荼所杀，领地被并吞。西汉建立后，北貉、燕人又以魏骑助汉击楚，减荼归汉。

西汉时期，燕地或为国，或为郡，其治所都在蓟城。汉武帝封其子刘旦为燕王。刘旦在蓟城建万载宫、明光殿。后刘旦谋反失败，其子建被立为广阳王。1974年，在丰台区大葆台发掘了一号汉墓，为"梓宫、便房、黄肠题凑"葬制。墓中出土随葬朱斑轮车3辆以及陶器、铜器、铁器、玉器、漆器、纺织品等400余种。蓟城的冶铸、纺织和商业都很发达。市场上有汉人、匈奴人、挹娄人等来往。

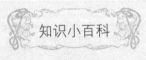

知识小百科

黄肠题凑

"题凑"是一种葬式，始于上古，多见于汉代，汉以后很少再用。"黄肠题凑"是设在

我爱北京

棺椁以外的一种木结构，由黄色的柏木心堆垒而成。黄肠是堆垒在棺椁外的柏木，用柏木构筑的题凑即为"黄肠题凑"。根据汉代礼制，黄肠题凑与玉衣、梓宫、便房、外藏椁同属帝王陵墓中的重要组成部分。

∧大葆台汉墓中的黄肠题凑

　　东汉时期，蓟城属渔阳郡。蓟城地处边塞，东汉初年，将军王常、候进分别率军屯驻渔阳、琢郡一带。不久、东汉又徙雁门、代、上谷三郡六万多人来到这里，以免遭受匈奴的掠杀。在整个东汉统治时期，广阳地区经常遭受匈奴、乌桓、鲜卑的侵袭，不断发生战争，军事负担和徭役征发，使人民纷纷破产。后来渔阳太守郭在任5年，整顿社会秩序，防御匈奴犯扰，使得民安其业，户口倍增。

　　自秦以后的430多年中，蓟城曾四度为地域性的王国都城，四度为州郡首府，其时间各为200多年。在这400多年中，蓟城依然是中国北方的政治、经济、文化中心。近几十年来，在北京地区的顺义、海淀上地等地方，在城镇建设中，都发现过大规模的汉代早期墓葬群，出土了大量文物，说明了汉代北京地区的人口分布广、数量大、生活水平较高。

西晋时，朝廷改广阳郡为燕国，而幽州迁至范阳。十六国后赵时，幽州驻所迁回蓟县，燕国改设为燕郡，历经前燕、前秦、后燕和北魏的统治而不变。幽州刺史王浚刑政酷苛，赋役殷繁，被羯族首领石勒所杀。王浚之妻华芳墓在北京西郊八宝山，1965年进行发掘，出土的有银铃、骨尺和墓志。其时蓟城地区佛教开始流行，北京现存最早的佛教名刹潭柘寺即建于晋代。初建时叫嘉福寺，后屡经扩建和改名。因寺后有龙潭，寺内有柘树，所以俗称为潭柘寺。

从秦汉至隋唐以前，北京地区交替作为汉人统治的北方边镇和北方少数民族南下的跳板，也成为南北文化交融的重要地区。汉人、胡人、羯人，各民族不断地碰撞、融合，使这里成为一块富有生机的土地。

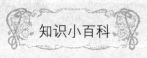

知识小百科

"先有潭柘寺，后有北京城"

潭柘寺在北京西郊门头沟区，建于1600余年前的晋代，是一座历史悠久的古刹。史书载"先有潭柘、后有幽州"，民间则有"先有潭柘寺，后有北京城"的俗谚。

北京城是在元朝大都城的基础上发展改建的。元朝初年，世祖忽必烈听从了大将巴图鲁和汉族学者、谋士刘秉忠的建议，以"幽燕之地，龙盘虎踞，形势雄伟，南控江淮，北连朔漠"为由，于至元十三年（1276年）建成大都城，这已经晚于晋代800余年了。在此之前，辽国曾在公元916年以幽州为南京，晚于晋代近500年，就是唐武则天时代也比晋代晚400多年。所以民谚说的潭柘寺与北京城的关系是真实的。

我爱北京

∧ 潭柘寺

第四节　隋、唐、宋时期的北京

一、隋朝大运河

　　古代涿郡的称呼最早是隋大业年间，隋朝时候的涿郡是今天的北京，北京也是涿郡的治所。隋开皇三年废除燕郡。但很快在大业三年，隋朝改幽州为涿郡。隋炀帝时开通京杭大运河，南至余杭，北通涿郡，以方便自己到江都游玩。皮日休亦有诗云："尽道隋亡为此河，至今千里赖通波。若无水殿龙舟事，共禹论功不较多。"充分肯定了大运河交通南北的巨大作用。还说若不是隋炀帝贪图享乐，单凭这项功绩就可以和大禹相媲美了。隋朝大运河是 605 年至 610 年开通的。隋朝大运河始建于 605 年，是动用百余万民工挖通济渠，连接黄河淮河，同年，隋炀帝又征用 10 万民工疏通古邗沟，连接淮河长江，构成下半段。608 年，用河北民工百万余，挖永济渠，通涿郡（今北京）南，构成上半段。又过 2 年，疏通江南运河，直抵余杭（杭州）。至此，共用 500 余万民工，费时 6 年，至此大运河全线贯通。大运河全长 2700 余公里，成为世界上最伟大的工程之一。

　　隋朝大运河全部竣工以后，南方和北方的物资可以更加便利地相互交流，并可直达长安。大运河通航以后，不仅成为南北政治、经济、文化联系的纽带，而且也成为沟通亚洲内陆"丝绸之路"和海上"丝绸之路"的枢纽之地。大运河的通航还促进了沿岸地区城镇和工商业发展，从而促进了大运河沿岸的经济发展。此后，历代王朝对大运河不断疏浚和改造，使它持续发挥着贯通南北动脉以及发展经济的作用。

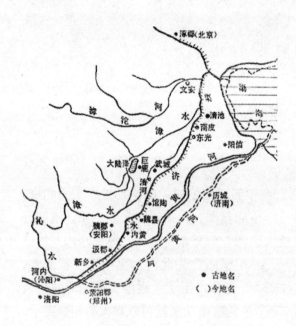

∧古永济渠示意图

二、唐宋时期

　　唐初武德年间，涿郡复称为幽州。贞观元年，幽州划归河北道管辖。后北京成为范阳节度使的驻地。安史之乱期间，安禄山在北京称帝，建国号为"大燕"。唐朝平乱后，复置幽州，归卢龙节度使节制。 燕京唐肃宗乾元二年（759年），史思明自称燕帝，以范阳为燕京。安史之乱平定后，罢燕京。后来北京的正式命名虽屡有变动，而燕京这个名称却广泛使用。近百年来，"燕京"是北京最常用的一个别称，甚至一些企业的名称、产品的命名也多用这两个字。春明起源于唐代，唐朝首都长安的正门（东门）名为春明门，古人认为东方主春，于是后人遂以"春明"作为首都的别称，北京成为国都后，也曾被称为"春明"。清人孙承泽著有《春明梦余录》，盖其意即此。

　　北宋初年宋太宗在高梁河（今北京市海淀区）与辽战斗，北宋大败，对燕云十六州从此望眼欲穿；辽于会同元年（938年）起在北京地区建立了陪都（以此为起点计算北京建都史，至2009年，则为1071年），号南京幽都府，开泰元年改号析津府。南京辽会同元年（938年），将原来的幽州升为幽都府，建号南京，又称燕京，作为辽的陪都。当时辽的首都在上京（今内蒙古巴林左旗南部）。

　　1115年金太祖完颜阿骨打建立金朝，1123年金太宗完颜晟即位，1125年灭辽，1127年灭北宋，1153年金朝皇帝完颜亮再扩建燕京为金中都，定为首都（以此为起点计算北京建都史，至2010年，则为857年），称为中都，在今北京市西南。金在将燕京改为中都的同时，设大兴府，所治在今天的北京东南部，包括今东城区、崇文区、朝阳区及大兴区的东部。

　　　　　　　　　　　　　　　　　　　　　　　　　悠久的北京历史

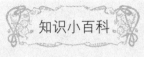

知识小百科

燕云十六州

　　燕云十六州，是指中国后晋天福三年（938年）石敬瑭所割让给契丹的位于今天北京、天津以及山西、河北北部的十六个州。"燕云"一名最早见于《宋史·地理志》。公元936年，后唐河东节度使石敬瑭反唐自立，向契丹求援。契丹出兵扶植其建立晋国，辽太宗与石敬瑭约为父子。作为条件，两年后，即公元938年，石敬瑭把燕云十六州之地献出来，使得辽国的疆域扩展到长城沿线。燕云十六州为险要之地，易守难攻，无燕云十六州，导致中原赤裸裸地暴露在北方少数民族的铁蹄下（因中原士兵善守城，而北方少数民族士兵善攻），对宋朝的衰变乃至灭亡有着重大影响。

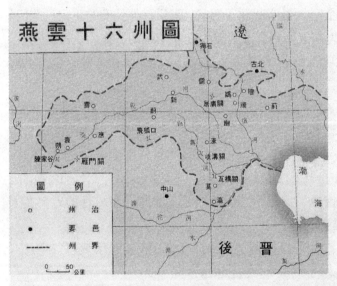

∧ 燕云十六州地图

第五节　元、明、清时期的北京

一、元朝时期

元代时，蒙古大汗国改名元朝。元朝时的北京称为元大都。元大都成为全中国的交往中心，北到岭北行省，东到奴儿干都司（治所黑龙江下游），西到西藏地方，南到海南，都在此交流。

1260 年忽必烈登基之后，以元上都为都城。但是上都位置偏北，对控制中原不利，因此在 1264 年忽必烈在解决了与其弟阿里不哥的汗位之争后，决定迁都至燕京地区。燕京地区当时尚有金中都故城，然而此城历经金朝末年的战争，自 1215 年 5 月 31 日被成吉思汗的蒙古军队攻陷之后，其城内宫殿多被拆毁或失火焚毁，而且其城市供水来源——莲花河水系已经出现水量不足的情况，无法满足都城日常生活所需用水。1215 年蒙古攻占金中都后改名为燕京。1264 年 8 月，忽必烈下诏改燕京（今北京市）为中都，定为陪都。1267 年决定迁都位于中原的中都，1272 年，将中都改名为大都（突厥语称汗八里，帝都之意），将上都作为陪都。

至元四年（1267 年），开始了新宫殿和都城的兴建工作。中书省官员刘秉忠为营建都城的总负责人，阿拉伯人也黑迭儿负责设计新宫殿。郭守敬担任都水监，修治元大都至通州的运河，并以京郊西北各泉作为通惠河上游水源。到至元二十二年（1285 年）时，大都的大内宫殿、宫城城墙、太液池西岸的太子府（隆福宫）、中书省、枢密院、御史台等官署，以及都城城墙、金水河、钟鼓楼、大护国仁王寺、大圣寿万安寺等重要建筑陆续竣工。至元二十二年，发布了令旧城（金中都故城）居民迁入新都的诏书。从至元二十二年到三十一年，有40至50万居民自金中都故城迁入大都。此时期还陆续完成了宫内各处便殿、社稷坛、通惠河河道、漕粮仓库等建筑工程。元大都的营建工作至此基本完毕。此后元朝各帝陆续又有添建，如孔庙、国子监、郊祭坛庙和佛寺等，但对元大都总体布局没有变动。

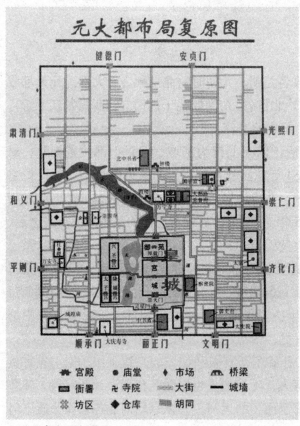

∧ 元大都布局复原图

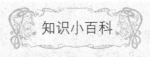

知识小百科

元大都城墙遗址

　　元大都城墙遗址是北京市海淀区及朝阳区若干段东西走向的元代大都城的外郭城墙遗址，属于元代古遗址，位于北京市东起土角楼西侧服装学院以东 673 米处。西至昌平路，全长 6730 米。始建于 1267 年（元世祖至元四年），建成于 1276 年（元至元十三年）。因其为元大都北城墙，且全部用土夯筑而成，故名土城。遗迹已经历 700 余年风雨侵蚀及人为破坏，至今区域内尚存的北土城遗迹有大小豁口九处。土城遗迹高低不等，东段最高 6—7 米，西段最低 2 米；基宽不一，约 20—26 米。元大都城墙的建筑形式、建造方法和周密严谨的规划设计，成为研究元代建筑和元代城市营造工程以及北京城市发展史重要的实物数据。2006 年 5 月 25 日，被公布为第六批全国重点文物保护单位。

元大都城墙遗址 >

二、明朝时期的北京

　　明朝初年，以应天府（今南京）为京师，大都于洪武元年八月改称为北平府，同年十月应军事需要划归山东行省。洪武二年三月，改为北平承宣布政使司驻地。燕王朱棣经靖难之变后夺得皇位后，于永乐元年改北平为北京，是为"行在"（天子行銮驻跸的所在，就称"行在"），且常驻于此，现在的北京也从此得名。北京城秩序井然，繁荣安乐。

永乐十九年正月，明朝中央政府正式迁都北京，以顺天府北京为京师，应天府则作为留都称南京，明仁宗、英宗的部分时期，北京还曾一度降为行在，京师复为南京应天府。北平明代洪武元年（1368年），朱元璋灭掉元朝后，为了记载平定北方的功绩，将元大都改称北平。北京明永乐元年（1403年），明成祖朱棣（永乐皇帝）取得皇位后，将他做燕王时的封地北平府改为顺天府，建北京城，并将准备都城迁于此，这是正式命名为北京的开始，至今已有600余年的历史。京师明成祖于永乐十八年（1420年）迁都北京，改称京师，直至清代。

< 明成祖朱棣

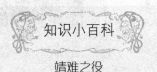

知识小百科

靖难之役

明太祖把儿孙分封到各地做藩王，藩王势力日益膨胀。他死后，孙子建文帝即位。建文帝采取一系列削藩措施，严重威胁藩王利益，坐镇北平的明太祖第四子燕王朱棣起兵反抗，随后挥师南下，史称"靖难之役"。1402年，朱棣攻破明朝京城南京，战乱中建文帝下落不明。同年，朱棣即位，就是明成祖。第二年，改元永乐，改北平为北京。1421年，迁都北京，称北京为京师，南京为留都。靖难之役，是明朝开国皇帝朱元璋死后不久爆发的一场统治阶级内部争夺皇位的战争。

我爱北京

三、清朝时期

清朝是中国历史上最后一个封建王朝，也是中国历史上第二个由少数民族（满族）建立并统治全国的封建王朝。616年（明万历四十四年，后金天命元年），清太祖努尔哈赤建国称汗，国号大金，史称"后金"。1636年（明崇祯九年，清崇德元年），清太宗皇太极称帝，改国号为"大清"。1644年（明崇祯十七年、清顺治元年），李自成的大顺军攻占北京，明朝灭亡，明朝崇祯帝在农民军的攻城炮声中自杀于皇城后的景山。驻守山海关的明将吴三桂降清，清摄政王多尔衮指挥清军入关，以吴三桂为前导，打败大顺农民军；同年清顺治帝迁都北京，祭告天地祖宗，表示他已是全中国的君主。从此清朝取代明朝成为全国的统治者。清王朝正式定都北京，开始了长达267年的统治。直到孙中山先生领导的辛亥革命取得胜利，北京这座千年古都才结束了封建帝王都城的历史。

∧ 晚清时的北京城墙（老照片）

悠久的北京历史

第六节 近现代时期

一、西方列强入侵北京

第二次鸦片战争期间，英、法组成联军发动侵华战争。咸丰十年（1860年）八月，英法联军攻入北京。10 月 6 日，占领圆明园。从第二天开始，军官和士兵就疯狂地进行抢劫和破坏。为了迫使清政府尽快接受议和条件，

∧ 圆明园遗址

英国公使额尔金、英军统帅格兰特以清政府曾将英法被俘人员囚禁在圆明园为借口,命令米启尔中将于 10 月 18 日率领侵略军 3500 余人直趋圆明园。英法侵略军把圆明园抢劫一空之后,为了销赃灭迹,掩盖罪行,英国全权大臣额尔金在英国首相帕麦斯顿的支持下,下令烧毁圆明园。大火连烧三昼夜,使这座世界名园化为一片废墟。这是人类文明史上的一次浩劫。正如法国著名作家雨果所描绘和抨击的那样:有一天,两个强盗闯进了圆明园,一个进行抢劫,另一个放火焚烧。这两个强盗一个叫英吉利,一个叫法兰西。

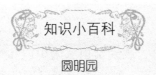

知识小百科

圆明园

圆明园坐落在北京西郊海淀区,与颐和园紧相毗邻。它始建于康熙四十六年(1709 年),由圆明园、长春园、绮春园三园组成。清朝康熙帝把该园赐给四子胤禛(后来的雍正帝),并赐名圆明园。经雍正、乾隆、嘉庆、道光、咸丰五位皇帝 150 多年的经营,集中了大批物力,役使了无数能工巧匠,倾注了千百万劳动人民的血汗,把它精心营造成一座规模宏伟、景色秀丽的离宫。可以说,圆明园是中国劳动人民智慧和血汗的结晶,也是中国人民建筑艺术和文化的典范。不仅如此,圆明园内还珍藏了无数的各种式样的无价之宝,极为罕见的历史典籍和丰富珍贵的历史文物,如历代书画、金银珠宝、宋元瓷器等,堪称人类文化的宝库之一,也可以这样说,它是世界上一座最大的博物馆。

1900 年 6 月 11 日,英国海军中将西摩尔率领八国联军 2000 多人强占火车由天津驶往北京。帝国主义的野蛮侵略,激起义和团坚决抵抗。6 月 12 日,义和团与清军董福祥、聂士成部联合作战,切断侵略军与天津的联系。6 月 14 日至 18 日,侵略军被义和团群众包围在廊坊、落岱、杨村一带,面对用近代枪炮武装的侵略军,义和团奋勇杀敌,视死如归,不

悠久的北京历史

<八国联军洗劫紫禁城。

惜以血肉之躯与敌人拼搏，表现出极大的勇气和爱国热情，打死打伤敌军300余名，西摩尔溃不成军，被迫沿北运河退回天津，义和团粉碎了八国联军进犯北京的计划。

8月4日，英法联军卷土重来，2万余人由天津进犯北京。13日进至北京城下，进攻东便门、朝阳门、东直门。英军率先由广渠门破城窜入。14日，北京失陷。次日晨，西太后和光绪皇帝仓惶出逃。

八国联军侵华，给中国人民带来了深重的灾难。联军所到之处，杀人放火、奸淫抢劫，无数村镇沦为废墟，天津被烧毁1/3，北京一片残墙断壁。连八国联军总司令瓦德西也供认，"所有中国此次所受毁损及抢劫之损失，其详数将永远不能查出，但为数必极重大无疑"。八国联军在北京公开大肆抢劫，清宫无数文物珍宝被洗掳一空，大批群众惨遭杀戮。

二、北洋军阀统治下的北京

1911年辛亥革命后，民国元年1月1日，中华民国定都南京，同年3

我爱北京

月迁都北京，直至民国十七年中国国民党北伐军攻占北京，张作霖败回东北，北洋政府下台。民国伊始，北京的地方体制仍依清制，称顺天府。直至民国三年，改顺天府为京兆地方，直辖于中央政府北洋政府。这一时期，北京新建了有轨电车系统，和一批现代的文化教育机构，如清华大学、燕京大学、北京大学、辅仁大学、协和医学院等。

1912年起，北洋军开始掌握中国政权，因而北京政府被称为"北洋政府"。北洋政府是指1912—1928年由北洋系军阀控制的中华民国北京政府的通称，这是相对于孙中山领导的改组后的国民党在南方成立的广州军政府的称呼。1912年2月15日，袁世凯取得中华民国临时大总统一职，3月10日在北京就职，又逼南京临时政府迁往北京，这标志着民国史上北洋政府统治的开始。

1925年中国国民党在广州成立国民革命政府，并且由蒋介石领军北伐，但北洋政府持续运作，直到1928年张学良同意加入国民政府之后正式结束。北洋政府是由北洋军阀等势力选出的中华民国大总统与国务院国务总理所领导，是当时被世界各国承认的中华民国合法中央政府，以五色旗为国旗，以《卿云歌》（卿音庆）为国歌，作为代表中国的符号象征。在北洋政府主导下，中国加入协约国参与第一次世界大战，并以战胜国的身份出席巴黎和会。北洋政府对外依靠英美帝国主义支持，对内主要代表国内

民国时期的北京 >

悠久的北京历史

汉族官绅势力，以北洋军队为统治支柱，发展民族经济和教育，实行舆论自由，在全国建立起自治化的统治。北洋政府与北洋军各个派系的兴衰关系很密切，以时间划分，大致可分为袁世凯统治时期、皖系统治时期、直系统治时期、奉系统治时期四个阶段。

三、五四运动

　　1919 年 5 月 4 日，在古都北京爆发了一场轰轰烈烈的反帝爱国群众运动，革命浪潮迅速席卷全国，各界民众同仇敌忾，共同奏起一曲浩气长存的时代壮歌。

　　是年初，第一次世界大战的战胜国在巴黎近郊的凡尔赛宫召开了战后和平会议。会上，中国代表最初提出的取消列强某些特权的七项希望条件及废除二十一条不平等条约的要求均被无理否决，最后和会竟将原德国在山东攫取的一切权益转由日本接管。

　　消息传入国内，激起全国人民的强烈抗议。5 月 4 日下午，北大等十几所学校 3000 余名学生聚集天安门广场，喊出了"外争国权，内惩国贼"，"废除二十一条"，"誓死力争"，"还我青岛"等口号。游行队伍到东交民巷使馆区请愿未果，就前往赵家楼胡同曹汝霖的住宅。曹汝霖、章宗祥、陆宗舆是北洋政府与日本具体交涉的亲日派官僚。当时，曹已吓得躲了起来，愤怒的学生就将在曹宅的章宗祥痛打一顿，并放火焚烧了曹宅。这时，大批军警赶到，当场逮捕了 32 名学生。在广大学生针锋相对的斗争下，在各界的强烈声援下，被捕学生很快被释放了，但运动的目的并未实现。5 月 19 日，北京大中学校 2.5 万多人举行总罢课，并进行大规模的爱国运动。6 月 3、4、5 日，更多的学生走向街头，抗议军阀政府的倒行逆施，800 多名学生被捕入狱，当局甚至用北大校舍作临时监狱来关押学生。

　　骇人听闻的"六三大拘捕"激起全国各地更强烈的反抗。大江南北、

我爱北京

长城内外，群起响应，正义凛然、不畏强暴的爱国斗争从星星之火，渐成燎原之势。据统计，全国有 20 多个省区，100 多个大中城市卷入到这场如火如荼的洪流之中，尤以上海爆发的六三运动规模最大。6 月 5 日，上海工人自动举行罢工，支援学生的反帝爱国斗争。以日商内外棉第三、四、五纱厂工人带头，全市六七万工人罢工。同时，上海商人也举行了罢市。一些地方的工人、商人积极响应，推动了斗争的发展。迅猛扩大的斗争形势给反动当局以极大压力。6 月 7 日，北京政府被迫释放被捕学生。6 月 10 日，下令撤销了曹、章、陆的职务。但是，6 月 17 日，北京政府又电令中国代表，同意在和约上签字。为此，又引发了新的一轮抗争，拒绝和约签字的呼声如潮，全国各地发往巴黎抗议签字的电报就达 7000 余份，中国代表终于没有出席和约签字仪式。

∧ 五四运动中北京学生在游行。

悠久的北京历史

卖国贼被罢黜，和约被拒签，这场反帝爱国运动取得了初步的胜利。它是中国历史上第一次彻底的不妥协的反对帝国主义和封建势力的伟大斗争。五四运动也是一次高扬"民主"与"科学"旗帜的思想启蒙运动，其持续的时间更长，影响也更深广。

四、卢沟桥事变

日军自 1931 年占领中国东北后，为进一步发起全面战争，陆续运兵入关。到 1936 年，日军及伪军已从东、西、北三面包围了北平（今北京市）。七七事变，又称卢沟桥事变，是 1937 年 7 月 7 日发生在中国北平的卢沟桥（亦称芦沟桥）的中日军事冲突。七七事变是日本帝国主义为实现它鲸吞中国的野心而蓄意制造出来的，是它全面侵华的开始。

∧ 卢沟桥

我爱北京

从 1937 年 6 月起，驻丰台的日军连续举行军事演习。 1937 年 7 月 7 日夜，卢沟桥的日本驻军在未通知中国地方当局的情况下，径自在中国驻军阵地附近举行所谓军事演习，并称有一名日军士兵于演习时失踪，要求进入北平西南的宛平县城（今卢沟桥镇）搜查。中国守军拒绝了这一要求。日军向卢沟桥一带开火，向城内的中国守军进攻。中国守军第 29 军 37 师 219 团予以还击。日本派大批援军，向天津北京大举进攻。两军在卢沟桥激战，29 军副军长佟麟阁，132 师师长赵登禹先后战死。排长申仲明亲赴前线，指挥作战，最后战死。驻守在卢沟桥北面的一个连仅余 4 人生还，余者全部壮烈牺牲。这便掀开了中国抗日战争的序幕。

五、北京和平解放

1928 年北伐战争后，由于蒋介石不重视北方边防，把首都迁到南京，撤销原京兆地方，北京改名为北平特别市。1930 年 6 月，北平降格为河北省省辖市，同年 12 月复升为院辖市。这一时期，北京尽管不具首都的地位，但在教育方面仍有关键的优势，被国际人士称为"中国的波士顿"。1937 年七七事变后，北平被日本占领。伪中华民国临时政府在此成立，且将北平改名为北京。1945 年 8 月 21 日，入侵北京的日本军队宣布投降，第十一战区孙连仲部接收北京，并重新更名为北平。

抗日战争结束后不久中国便进入了解放战争时期。解放战争，亦称第三次国内革命战争，是 1945 年 8 月至 1949 年 9 月中国人民解放军在中国共产党的领导和广大人民群众的支援下，为推翻国民党统治、解放全中国而进行的战争，期间共歼灭国民党军 625 万余人，摧毁了国民党各级反动政权，从根本上推翻了帝国主义、封建主义和官僚资本主义在中国的统治。

悠久的北京历史

知识小百科

平津战役

平津战役在 1948 年 11 月 29 日发起。从 12 月 22 日起，人民解放军按照中共中央军委先打两头、后取中间的原则，首先攻克西线的新保安、张家口，在东线，1949 年 1 月 15 日，全歼天津国民党守军 13 万余人，解放天津。经过解放军和中共北平地下党的耐心工作，1 月 31 日，北平和平解放，平津战役胜利结束。平津战役历时 64 天，人民解放军以 3.9 万人的伤亡为代价，歼灭和改编国民党军队 52 万余人，使华北地区除太原、大同、新乡等少数据点及绥远西部一隅之地外全部获得解放。

∧ 平津战役纪念雕塑

　　1949 年 1 月 31 日，傅作义将军与中国共产党达成和平协议，率领 25 万国民党军队投向正义，中国人民解放军进入北平市，实现对北京的解放。同年 9 月 27 日中国人民政治协商会议第一届全体会议通过《关于中华人

我爱北京

民共和国国都、纪年、国歌、国旗的决议》，北平更名为北京。1949 年 10 月 1 日，这是一个永远为中国人民所纪念的日子。这一天，北京 30 万军民聚集在天安门广场上举行了开国大典。人群和旗帜、彩绸、鲜花、灯饰，汇成了喜庆的锦秀海洋。下午 3 时，大地欢声雷动。毛泽东和朱德两位伟人一前一后，沿着城楼西侧的古砖梯道，最先登上了天安门城楼。当林伯渠宣布开会后，在国歌《义勇军进行曲》的乐曲声中，中央人民政府主席、副主席和委员就位。人民领袖毛泽东庄严宣布："中华人民共和国中央人民政府成立了！"这个洪亮的声音震撼了北京城，震撼了全国，震撼了全世界。

∧ 开国大典

悠久的北京历史

自 1840 年鸦片战争中国沦为半殖民地半封建社会起，到辛亥革命后的几十年中，北京这座千年古都一直备受军阀统治的摧残和外来侵略者的蹂躏。随着中华人民共和国的诞生，北京这座文化古都，才迎来了真正的新生，千年古都又重新焕发出青春的光彩，北京的发展也掀开了历史的新篇章。

我爱北京

第三章

全国政治、经济和科学文化中心

　　从地理位置来看，北京扼守连结东北与关内的咽喉地带，是东亚大陆地缘战略的重中之重，虽然离海近，但渤海是中国内海，有辽宁、山东两个半岛拱卫，战略上十分安全。从历史上来看，作为历代强盛王朝都城的北京，在城市规划、建筑风格以及文化底蕴等各个方面都拥有无与伦比的优势。因此，新中国将首都定在了北京。

∧北京金融街

第一节 全国的政治中心

北京是中华人民共和国的首都，也是全国的政治中心，也是中国政府各部门的集中地区。中华人民共和国的国家机构包括：全国人民代表大会、中华人民共和国国务院、中华人民共和国中央军事委员会、人民法院和人民检察院。中华人民共和国全国人民代表大会是最高国家权力机关。它的常设机关是全国人民代表大会常务委员会。全国人民代表大会和全国人民代表大会常务委员会行使国家立法权。中华人民共和国国务院，即中央人民政府，是最高国家权力机关的执行机关，是最高国家行政机关。中华人民共和国中央军事委员会领导全国武装力量。

∧ 人民大会堂

北京——共和国的心脏

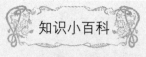

人民大会堂

　　人民大会堂位于北京市中心天安门广场西侧，西长安街南侧。人民大会堂是中国全国人民代表大会开会的地方，是全国人民代表大会和全国人大常委会的办公场所。是党、国家和各人民团体举行政治活动的重要场所，也是中国国家领导人和人民群众举行政治、外交、文化活动的场所。人民大会堂坐西朝东，南北长336米，东西宽206米，高46.5米，占地面积15万平方米，建筑面积17.18万平方米。比故宫的全部建筑面积还要大。人民大会堂每年举行的全国人民代表大会、中国人民政治协商会议以及五年一届的中国共产党全国代表大会也在此召开。

第二节　全国的经济中心

　　北京作为首都，以其强大的经济实力和城市综合竞争力已经成为全国乃至东亚地区的经济中心。凭借其拥有的畅通便利的交通网络和发达的通讯系统，及时地汇集、传递着丰富的经济和金融信息资讯，既为本地区的经济和金融活动提供决策参考和依据，同时也为国家间经济交往提供了重要的经济和金融信息。同时，由于北京拥有全国一流的社会环境、人文环境和语言环境，在多方面、多层次的国际交往中，比其他城市更具有影响力和吸引力。

　　2011年北京实现地区生产总值16000.4亿元，按可比价格计算，比上年增长8.1%。按2011年末常住人口2018.6万人计算，北京人均地区

我爱北京

生产总值80394元（按年平均汇率折合12447美元），已经接近发达国家水平。北京是综合性产业城市。综合经济实力保持在全国前列。第三产业规模居中国大陆第一。

北京是中国人民银行和全国各大金融保险机构总部所在地，是中国的金融决策中心。国家金融宏观调控部门中国人民银行、中国银行业监督管理委员会、中国证券监督管理委员会、中国保险监督管理委员会均在北京。包括四大国有商业银行——中国工商银行、中国建设银行、中国银行、中国农业银行在内的中国主要商业银行及国家开发银行、中国农业发展银行等政策性银行。金融业巨头——中国国际金融有限公司、中国国际信托投资公司、中国投资有限责任公司也在北京。中国人寿、中国人民财产保险股份有限公司、泰康人寿等全国性保险公司总部均设在北京，北京同时还聚集了大部分国有大型企业总部，其中包括中国石化、中国石油、国家电网、中国电信、中国移动通信、中国联通等企业。而且大量境外跨国公司在北京建立中国地区总部。

中国人民银行 >

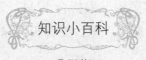

知识小百科

金融街

金融街南起复兴门内大街，北至阜成门内大街，西抵西二环路，东临太平桥大街，规划用地近103公顷。作为首都第一个大规模整体定向开发的金融功能区，经过十几年的发展，金融街已经成为中国的金融决策监管中心、资产管理中心、金融支付结算中心、金融信息中心。金融街集中了中国人民银行、中国银监会、中国证监会、中国保监会等中国最高等金融决策和监管机构，几乎所有有关中国金融的重大决策都在这里酝酿、讨论和最终形成。是中国金融业最具影响力的金融中心区。随着高盛高华证券有限责任公司、瑞士证券有限责任公司、摩根大通银行（中国）有限责任公司等一批国际知名金融机构落户金融街，其国际化程度不断提高。

第三节 全国的科学文化中心

北京是全国最大的科学技术研究基地，有中国科学院、中国工程院等科学研究机构和号称中国硅谷的北京中关村科技园区，每年获国家奖励的成果占全国的1/3。1998年来，每年都成功举办以高新技术产业为主题的大型国际活动——北京高新技术产业国际周。北京同时也是全国教育最发达的地区。截至2010年8月，北京市共有普通高等院校82所，其中包括北京大学、清华大学、中国人民大学、北京师范大学、北京航空航天大学、北京理工大学、中国农业大学等全国最为著名的学府。全年本专科在校生达到57.7万人。全市共有52所高等学校和117个科研机构培养研究生，在学研究生达到20.9万人。北京拥有世界第三、亚洲第一大图书馆：中

国国家图书馆。中国科学院图书馆、北京大学图书馆跻身全国五大图书馆。

一、中国国家图书馆

中国国家图书馆，旧称北京图书馆，一般简称"国图"。馆舍面积共17万平方米。国家图书馆每年大约要接待海内外读者400多万人次。

中国国家图书馆馆藏丰富，品类齐全，古今中外，集精结粹。作为国家藏书机构，中国国家图书馆依法接收中国大陆各出版社送缴收藏的出版样书，此外还收藏中国大陆的非正式出版物，例如各高校的博士学位论文均在中国国家图书馆的收藏之列。是图书馆学专业资料集中收藏地和全国年鉴资料收藏中心。从藏书量和图书馆员的数量看，中国国家图书馆是亚洲规模最大的图书馆，世界上最大的国家图书馆之一，是世界著名的国家图书馆。

中国国家图书馆的藏书可上溯到700多年前的南宋皇家缉熙殿藏书，

国家图书馆>

最早的典藏可以远溯到 3000 多年前的殷墟甲骨。国家图书馆的馆藏文献中珍品特藏包括善本古籍、甲骨金石拓片、中国古旧舆图、敦煌遗书、少数民族图籍、名人手稿、革命历史文献、家谱、地方志和普通古籍等 260 多万册（件）。外文善本中最早的版本为 1473—1477 年间印刷的欧洲"摇篮本"。这部分藏品极为珍贵，闻名遐迩，世界瞩目。截至到 2005 年，中国国家图书馆的藏书容量达 2500 多万册，其中价值连城的古籍善本就有 200 余万册，著名的《永乐大典》、《四库全书》等举不胜举。其中尤以"四大专藏"即"敦煌遗书"、"赵城金藏"、"永乐大典"和"文津阁四库全书"最受瞩目。2007 年 6 月 8 日，中国国家图书馆获得国家文化部颁布的首届文化遗产日奖。

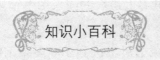

知识小百科

国图镇馆之宝——《永乐大典》

《永乐大典》是中国古代最大的一部类书，成书于明永乐年间。永乐大典正文22877卷，凡例和目录60卷，装成11095册。总字数约在3.7亿字左右，有世界上最早、卷帙最多的百科全书之美誉，在中国古代文化史上享有极高的地位。后由于管理不善、八国联军战火夺掠等原因又使大典几近毁灭，万册巨帙目前仅余四百，分藏8个国家30多家收藏单位。清末筹建京师图书馆时，学部提议将翰林院残存的大典移交京师图书馆庋藏，但未得办理。1912年，在中华民国教育部社会教育司第一科科长周树人（鲁迅）的努力下，教育部咨请国务院，将翰林院所存大典残本60册送归教育部，交由京师图书馆储藏，成为国家图书馆《永乐大典》的第一批收藏。经过百年风雨，今天国家图书馆藏《永乐大典》已达222册，占存世永乐大典的一半以上，成为镇馆之宝。

∧《永乐大典》

二、北京大学

北京大学创办于1898年，初名京师大学堂，是中国第一所国立大学，也是中国近代正式设立的第一所大学，其成立标志着中国近代高等教育的开端。

北大是中国近代最早以"大学"身份和名称建立的机构，也是近代最早的综合性大学，并催生了中国最早的现代学制。北大是中国近代唯一以最高学府身份创立的大学，最初也是当时的国家最高教育行政机关，行使国家教育部职能，统管全国教育。北大传承着中国数千年来国家最高学府——太学（国子学、国子监）的学统，建立之初身兼传统太学制度与现代大学建置的双重身份，既继承了中国古代最高学府之正统，又开创了中国近代高等教育之先河，可谓"上承太学正统，下立大学祖庭"。自建校以来，一直享有崇高的名声和地位。民国元年（1912 年），京师大学堂更名为国立北京大学。北大是中国最高学府，同时也是中国综合实力第一的大学，理科、文科、社会科学、新型工科和医科都是它的强项。按照国家重点学科，北大的理科、文科、医科实力均为全国第一。

　　北大作为新文化运动的中心和五四运动的发祥地、中国最早的马克思主义和民主科学思想的源头之一，以及中国共产党最早的活动根据地之一，北大为民族的振兴和解放、国家的建设和发展、社会的文明和进步做出了不可替代的贡献，在中国走向现代化的进程中起到了重要的先锋作用。爱国、进步、民主、科学的传统精神和勤奋、严谨、求实、创新的学风，在这里生生不息、代代相传。

∧ 北京大学

三、中国国家大剧院

　　中国国家大剧院位于北京市中心天安门广场西，人民大会堂西侧，西长安街以南，由国家大剧院主体建筑及南北两侧的水下长廊、地下停车场、人工湖、绿地组成，总占地面积 11.89 万平方米，总建筑面积约 16.5 万平方米，其中主体建筑 10.5 万平方米，地下附属设施 6 万平方米。

　　国家大剧院由法国建筑师保罗·安德鲁主持设计，设计方为法国巴黎机场公司。国家大剧院建筑屋面呈半椭圆形，由具有柔和的色调和光泽的钛金属覆盖，前后两侧有两个类似三角形的玻璃幕墙切面，整个建筑漂浮于人造水面之上，行人需从一条 80 米长的水下通道进入演出大厅。大剧院造型新颖、前卫，构思独特，是传统与现代、浪漫与现实的结合。国家大剧院庞大的椭圆外形在长安街上显得像个"天外来客"，与周遭环境的

∧ 国家大剧院歌剧院

冲突让它显得十分抢眼。这座"城市中的剧院、剧院中的城市"计划以一颗献给新世纪的超越想象的"湖中明珠"的奇异姿态出现。

　　国家大剧院主体建筑由外部围护结构和内部歌剧院、音乐厅、戏剧场和公共大厅及配套用房组成。歌剧院主要演出歌剧、芭蕾、舞剧,有观众席 2416 席;音乐厅主要演出交响乐、民族乐、演唱会,有观众席 2017 席;戏剧场主要演出话剧、京剧、地方戏曲、民族歌舞,有观众席 1040 席。外环绕人工湖,湖面面积达 35500 平方米,北侧主入口为 80 米长的水下长廊,南侧入口和其他通道也均设在水下。人工湖四周为大片绿地组成的文化休闲广场。

我爱北京

第四章

老北京的传统文化

景泰蓝是一种在铜质的胎型上，用柔软的扁铜丝，掐成各种花纹焊上，然后把珐琅质的色釉填充在花纹内烧制而成的器物。因其在明朝景泰年间盛行，使用的珐琅釉多以蓝色为主，故而得名"景泰蓝"。景泰蓝与雕漆、玉器、象牙被称为北京工艺品的四大名旦，是工艺美术世界里一颗璀璨的明珠。

∧北京四合院

 我爱北京

第一节　北京的建筑艺术

一、四合院

四合院是以正房、倒座房、东西厢房围绕中间庭院形成平面布局的北方传统住宅的统称。北京四合院源于元代院落式民居，是老北京城最主要的民居建筑。一座座青瓦灰砖的四合院之间形成的窄巷，就是著名的老北京胡同。

四合院建筑，是我国古老、传统的文化象征。"四"东西南北四面，"合"是合在一起，形成一个口字形，这就是四合院的基本特征。四合院建筑之雅致，结构之巧，数量之众多，当推北京为最。

北京的四合院，大大小小，星罗棋布，或处于繁华街面，或处于幽静深巷之中；大则占地几亩，小则不过数丈；或独家独户，或数户、十几户合居，形成了一个符合人性心理、保持传统文化、邻里邻外关系融洽的居住环境。它形成了以家庭院落为中心，街坊邻里为干线，社区地域为平面的社会网络系统。四合院也有包在一起的意思。

四合院是北京传统民居形式，辽代时已初成规模，经金、元，至明、清，逐渐完善，最终成为北京最有特点的居住形式。经过数百年的营建，北京四合院从平面布局到内部结构、细部装修都形成了京师特有的京味风格。

∧老北京四合院

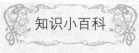

四合院的门墩

　　门墩,又称门座、门台、门鼓,抱鼓石。是用于中国传统民居,特别是四合院的大门底部,起到支撑门框门轴作用的一个石质的构件。

　　门墩是四合院的重要组成部分,整体称门枕石,门外部分称为门墩,门枕石在中间有一个槽用于支撑门框,门内部分有一海窝用于插入门簪(门轴的下端),与固定在中槛上的连楹一起起到固定门轴,便于门的开关的作用。

　　门墩是门楼中比较有特色的一个组成部件,门墩上通常雕刻一些中国传统的吉祥图案,因此是了解中国传统文化的石刻艺术品。

门墩＞

　　北京正规四合院一般依东西向的胡同而坐北朝南，基本形制是分居四面的北房（正房）、南房（倒座房）和东、西厢房，四周再围以高墙形成四合，开一个门。大门辟于宅院东南角"巽"位。房间总数一般是北房3正2耳5间，东、西房各3间，南屋不算大门4间，连大门洞、垂花门共17间。如以每间11—12平方米计算，全部面积约200平方米。四合院中间是庭院，院落宽敞，庭院中植树栽花，备缸饲养金鱼，是四合院布局的中心，也是人们穿行、采光、通风、纳凉、休息、家务劳动的场所。

　　北京四合院属砖木结构建筑，房架子檩、柱、梁（柁）、槛、椽以及门窗、隔扇等等均为木制，木制房架子周围则以砖砌墙。梁柱门窗及檐口椽头都要油漆彩画，虽然没有宫廷苑囿那样金碧辉煌，但也是色彩缤纷。墙习惯用磨砖、碎砖垒墙，所谓"北京城有三宝……烂砖头垒墙墙不倒"。屋瓦大多用青板瓦，正反互扣，檐前装滴水，或者不铺瓦，全用青灰抹顶，称"灰棚"。

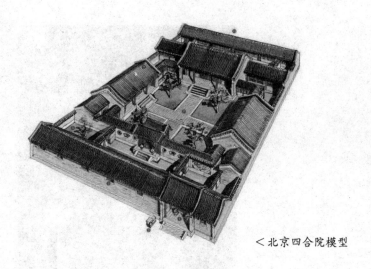

＜北京四合院模型

　　四合院的构成有它的独特之处。它的院落宽绰疏朗，四面房屋各自独立，又有游廊连接彼此，起居十分方便；封闭式的住宅使四合院具有很强的私密性，关起门来自成天地；院内，四面房门都开向院落，一家人和美相亲，其乐融融；宽敞的院落中还可植树栽花、饲鸟养鱼、叠石迭景，居住者尽享大自然的美好。

　　四合院虽为居住建筑，却蕴含着深刻的文化内涵，是中华传统文化的载体。四合院的营建极讲究风水。风水学说，实际是中国古代的建筑环境学，是中国传统建筑理论的重要组成部分。四合院的装修、雕饰、彩绘也处处体现着民俗民风和传统文化，表现出人们对幸福、美好、富裕、吉祥的追求，如以蝙蝠、寿字组成的图案，寓意"福寿双全"；以花瓶内安插月季花的图案寓意"四季平安"；而嵌于门簪、门头上的吉辞祥语，附在抱柱上的楹联，以及悬挂在室内的书画佳作，更是集贤哲之古训，采古今之名句，或颂山川之美，或铭处世之学，或咏鸿鹄之志，风雅备至，充满浓郁的文化气息，犹如一座中国传统文化的殿堂。

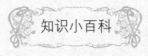

恭王府

恭王府花园又名萃锦园,据专家考证始建于明朝。全园南北长约150米,东西宽170米,占地面积28000平方米,有古建筑31处,面积2800平方米。

恭王府花园坐北朝南,环山衔水、正处在"蟠龙水"环抱之中,距银定桥不远。 恭王府及其花园早为乾隆年间大学士和珅宅第,已有200余年的历史。实际上从园中的康熙御笔"福"字碑和木结构建筑及山石叠砌的技法来看是具有明代工艺特色的。嘉庆四年和珅获罪,宅第没收赐与庆郡王永磷,实为庆王府。咸丰元年改赐给恭亲王奕忻,从此称为恭亲王府及恭王府花园。

恭亲王奕忻为了重建花园调集百名能工巧匠艺人,融江南园林艺术与北方建筑格局为一体,汇西洋建筑及中国古典园林建筑为一园,增添山石林木,彩画斑斓绚丽。花草铺地,树木成荫。明廊通道,鸟鸣蝉唱。这别致典雅的园林,恭亲王喜题为"萃锦园",此园曾为京师一百多座王府之冠,可以称之"人间神仙府,什刹海的明珠"。恭王府花园被列为国家重点文物保护单位,是国家对外开放的旅游景点。

恭王府 >

二、胡同

胡同，也叫"里弄"、"巷"，是指城镇或乡村里主要街道之间的、比较小的街道，一直通向居民区的内部。它是沟通当地交通不可或缺的一部分。根据道路通达情况，胡同分为死胡同和活胡同。前者只有一个开口，末端深入居民区，并且在其内部中断；而后者则沟通两条或者更多的主干街道。胡同，是北京的一大特色。著名的胡同有北京的东交民巷、什刹海胡同等。

＜北京胡同

我爱北京

北京胡同最早起源于元代，最多时有6000多条，历史最早的是朝阳门内大街和东四之间的一片胡同，规划相当整齐，胡同与胡同之间的距离大致相同。南北走向的一般为街，相对较宽，如从北京火车站到朝阳门内大街的南小街和北小街，因过去以走马车为主，所以也叫马路。东西走向的一般为胡同，相对较窄，以走人为主。胡同两边一般都是四合院。

胡同的走向多为正东正西，宽度一般不过九米。胡同两旁的建筑大多都是四合院。四合院是一种由东西南北四座房屋以四四方方的对称形式围在一起的建筑物。大大小小的四合院一个紧挨一个排列起来，它们之间的通道就是胡同。胡同从外表上看模样都差不多，但其内在特色却各不相同，它们不仅是城市的脉搏，更是北京普通老百姓生活的场所。

北京的胡同虽然看起包罗万象，既有河湖海（大江胡同、河泊厂胡同、团结湖、海滨胡同）、山川日月（图样山胡同、川店胡同、回升胡同、月光胡同）、人物姓氏（张自忠路、贾家胡同）、市场商品（菜市口胡同、银碗胡同）、工厂作坊（打磨厂、油漆作胡同）、花草鱼虫（花枝胡同、草园胡同、金鱼胡同、养蜂夹道）、云雨星空（云居胡同、雨儿胡同、大星胡同、空厂）、鸡鸭鱼肉（鸡爪胡同、鸭子店、鲜鱼口、肉市街）等等，名目繁多，令人看着眼花缭乱，但如果认真分析，还是有其内在的规律的。进入现代化的北京城，人们感兴趣的往往不是那鳞次栉比的高楼大厦、四通八达的宽马路，而是那曲折幽深的小小胡同，温馨美丽的四合院。因此，有人称北京的古都文化为"胡同文化"或"四合院文化"，此话实不为过。来到北京的游客，经常问到的一个问题就是"北京的胡同在哪里"。

北京人对胡同有着特殊感情，它是百姓们出入家门的通道，更是一座座民俗风情博物馆，烙下了许多社会生活的印记。胡同一般距离闹市很近，但没有车水马龙的喧闹，可谓闹中取静。而且对于邻里关系的融洽，胡同在其中发挥了有效的作用。胡同现已成为北京文化的载体。老北京的生活气息就在这胡同的角落里，在这四合院的一砖一瓦里，在居民之间的邻里之情里。外人只有身处其中才能得到最深的体会。

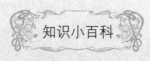

知识小百科

北京最美胡同南锣鼓巷

　　南锣鼓巷南北走向，长约800米，东西各有8条胡同整齐排列着，现在的南锣鼓巷街区北边是鼓楼东大街，南边是地安门东大街，西边是地安门外大街，东边是交道口南大街。由这4条街围合的这块长方形地块，正是元大都的两个坊。以南锣鼓巷为界，东面是"昭回坊"，西边是"靖恭坊"，南锣鼓巷是两坊间的分界巷。唐朝长安的里坊早已无存，元大都里坊构造在800多年的历史变迁中，也已面目全非，但是，南锣鼓巷地区却还极为完整地保存着元大都里坊的历史遗存。胡同格局那么完整，胡同里各种形制的府邸、宅院多姿多彩。真可谓是北京古都风貌中一块保存完整的"碧玉"。

∧ 南锣鼓巷

第二节 戏曲与曲艺

一、京剧

　　京剧是地道的中国国粹，它形成于北京的时间是在 1840 年前后，盛行于 20 世纪三四十年代。现在它仍是具有世界级影响的大剧种。它的行当全面、表演成熟、气势宏美，是近代中国汉族戏曲的代表。

　　京剧起源于四个地方的剧种：一是原来流行于安徽省一带的徽剧；二是流行于湖北的汉剧；三是流行于江苏一带的昆曲；四是流行于陕西的秦剧，又叫梆子。清乾隆末期四大徽班进北京后，于嘉庆、道光年间同来自湖北的汉调艺人合作，互相影响，逐渐接受了昆曲、秦腔的部分剧目、曲调和表演方法，并吸收了一些民间曲调、北京土语，逐渐融合发展。

　　唱、念、做、打是京剧表演的四种艺术手法，也是京剧表演四项基本功。"唱"指演唱，"念"指具有音乐性的念白，二者相辅相成，构成歌舞化的京剧表演艺术两大要素之一的"歌"；"做"指舞蹈化的形体动作，"打"指武打和翻跌的技艺，二者结合构成歌舞化京剧表演艺术两大要素之一的"舞"。戏曲演员从小就从这四个方面进行训练，虽然有的演员擅长唱功（唱功老生），有的行当以做功（花旦）为主，有的以武打为主（武净）。但是要求每一个演员必须有过硬的唱、念、做、打四种基本功，才能充分发挥作为歌舞剧的戏曲艺术表演的功能。更好的表现和刻画戏中的各种人物。

∧ 京剧脸谱

京剧角色的行当划分比较严格，早期分为生、旦、净、末、丑、武行、流行（龙套）七行，以后归为生、旦、净、丑四大行，每一种行当内又有细致的进一步分工。"生"是除了花脸以及丑角以外的男性角色的统称，又分老生（须生）、小生、武生、娃娃生。"旦"是女性角色的统称，内部又分为正旦、花旦、闺门旦、武旦、老旦、彩旦（丑旦）、刀马旦。"净"，俗称花脸，大多是扮演性格、品质或相貌上有些特异的男性人物，化妆用脸谱，音色洪亮，风格粗犷。"净"又分为以唱工为主的大花脸，如包拯；以做工为主的二花脸，如曹操。"丑"，扮演喜剧角色，因在鼻梁上抹一小块白粉，俗称小花脸。在人的脸上涂上某种颜色以象征这个人的性格和特质，角色和命运，是京剧的一大特点，可以帮助理解剧情。简单地讲，红脸含有褒义，代表忠勇；黑脸为中性，代表猛智；蓝脸和绿脸也为中性，代表草莽英雄；黄脸和白脸含贬义，代表凶诈凶恶；金脸和银脸是神秘，代表神妖。脸谱起源于上古时期的宗教和舞蹈面具，留用至今。

京剧形成以来，涌现出大量的优秀演员，他们对京剧的唱腔、表演，以及剧目和人物造型等方面的革新、发展做出了贡献，涌现出了一大批优秀的演员，并形成了许多影响很大的流派。

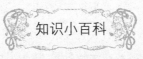

京剧艺术大师梅兰芳

梅兰芳（1894—1961年），名澜，又名鹤鸣，乳名裙姊，字畹华，别署缀玉轩主人，艺名兰芳。祖籍江苏泰州，生于北京的一个梨园世家。梅兰芳是近代杰出的京昆旦行演员，"四大名旦"之首；同时也是享有国际盛誉的表演艺术大师，其表演被推为"世界三大表演体系"之一。代表剧目有《贵妃醉酒》、《霸王别姬》等；昆曲有《游园惊梦》、《断桥》等。所著论文编为《梅兰芳文集》，演出剧目编为《梅兰芳演出剧本选集》。

梅兰芳舞台艺术>

北京丰富多彩的文化艺术

二、京韵大鼓

京韵大鼓由河北省沧州、河间一带流行的木板大鼓发展而来，形成于京津两地。河南木板大鼓传入天津、北京后，刘宝全改以北京的语音声调来吐字发音，吸收石韵书、马头调和京剧的一些唱法，创制新腔，专唱短篇曲目，称京韵大鼓，属于鼓词类曲艺音乐。

与刘宝全同时并起的艺人有张小轩、白云鹏。京韵大鼓在五四运动时期，曾由票友张云舫等人编写了一些新曲目，由白云鹏、崔子明等人演唱。崔子明创滑稽大鼓，成为京韵大鼓的一个支派。唱腔以一板三眼的慢中板和有板无眼的紧板为主，必要时穿插一些一板一眼的板式，基本腔调有平

∧ 京韵大鼓表演艺术家骆玉笙

腔、高腔、落腔、甩腔、起伏腔。起伏腔是"刘派"唱腔的主要创造，包括有各种长腔、悲腔、花腔。此外，京韵大鼓具有半说半唱的特色。韵白（包括有板眼节奏之内的韵白和没有板眼节奏的韵白）在演唱中也占重要的位置，与唱腔衔接自然。

主要伴奏乐器为大三弦与四胡，有时佐以琵琶。演员自击鼓板掌握节奏。传统曲目有《单刀会》、《战长沙》、《博望坡》等数十段，以及由刘宝全、白云鹏等人整理的《长坂坡》、《白帝城》、《探晴雯》、《樊金定骂城》等数十段。

三、相声

相声是一种民间说唱曲艺。相声艺术源于华北，流行于京津冀，普及于全国及海内外，始于明清，盛于当代。主要采用口头方式表演。表演形式有单口相声、对口相声、群口相声等。是扎根于民间、源于生活、又深受群众欢迎的曲艺表演艺术形式。相声鼻祖为张三禄，著名流派有"侯（宝林）派"、"马（三立）派"、"常（宝堃）派"、"苏（文茂）派"、"马（季）派"等。著名表演大师有侯宝林、马三立、常宝堃、苏文茂、马季等多人，后起之秀有郭德纲等人。相声一词，古作相声，原指摹拟别人的言行，后发展成为相声。相声又称隔壁相声，明朝即已盛行。相声起源于华北地区的民间说唱曲艺，在明朝即已盛行。经清朝时期的发展直至民国初年，相声逐渐从一个人摹拟口技发展成为单口笑话，名称也就随之转变为相声。一种类型的单口相声，后来逐步发展为多种类型的单口相声、对口相声、群口相声，综合为一体，成为名副其实的相声，而经过多年的发展，对口相声最终成为最受观众喜爱的相声形式。相声起源于北京，流行于全国各地。一般认为相声于清咸丰、同治年间形成，是以说笑话或滑稽问答引起观众发笑的曲艺形式。它是由宋代的"像生"演变而来的。到了晚清年代，相声

<相声艺术大师侯宝林

就形成了现代的特色和风格。主要用北京话讲，各地也有以当地方言说的"方言相声"。在相声形成过程中广泛吸取口技、说书等艺术之长，寓庄于谐，以讽刺笑料表现真善美，以引人发笑为艺术特点，以"说、学、逗、唱"为主要艺术手段。

第三节　传统工艺

一、景泰蓝

景泰蓝，北京著名的传统手工艺品。又称"铜胎掐丝珐琅"，俗名"珐蓝"，又称"嵌珐琅"，是一种在铜质的胎型上，用柔软的扁铜丝，掐成各

我爱北京

景泰蓝＞

种花纹焊上，然后把珐琅质的色釉填充在花纹内烧制而成的器物。因其在明朝景泰年间盛行，制作技艺比较成熟，使用的珐琅釉多以蓝色为主，故而得名"景泰蓝"。景泰蓝与雕漆、玉器、象牙被称为北京工艺品的四大名旦，是工艺美术世界里一颗璀璨的明珠。

　　景泰蓝以其悠久的历史、典雅优美的造型、鲜艳夺目的色彩、华丽多姿的图案、繁多的品种造型、富丽堂皇和精美华贵的视觉感受以及全部为手工完成的、凝结着制作者聪明才智的工艺美术品为北京所特有。是非常适合于作为家居生活的装饰品和馈赠亲朋好友的礼品以及用于表彰和奖励的奖品和纪念品。目前品种包括景泰蓝和花丝景泰蓝两大类。其中景泰蓝产品又分为金地景泰蓝和蓝地景泰蓝两大部分。花丝景泰蓝又分为金地花丝、银地花丝和蓝地花丝景泰蓝三大部分，同时花丝景泰蓝里还包括金地泡丝、银地泡丝产品。

二、牙雕

　　牙雕是一门古老的传统艺术，也是一门民间工艺美术。牙为大象身上

<牙雕观音

最坚固的部分，其光洁如玉、耐用、珍贵堪与宝石媲美，因此象牙又有有机宝石之美誉。而象牙雕刻艺术品，以坚实细密，色泽柔润光滑的质地，精美的雕刻艺术，倍受收藏家珍爱，成为古玩中独具特色的品种之一。

　　中国象牙雕刻经过数几千年的发展，清代中期陆续形成了若干个相对集中的中心生产地，主要以广州、苏州、北京为代表。北京牙雕具有雍容华贵的宫廷艺术品格。一般而言，象牙雕刻艺术分为人物、动物、花卉及风景四个种类。其中牙雕人物题材主要源于古代的神话传说及历史名人。从类别上可分仕女、罗汉、佛人、武人及历史人物等。人物画稿一般以白描的手法，表现出人物面部的表情、身体的姿态、衣饰的形状等，有出处的还要着重刻画人物的身份特征，以达到完美的艺术效果。牙雕花卉一般以花为主，以鸟、蝶、蜻蜓、青蛙等作陪衬，雕刻具象有牡丹、月季、菊花、玉兰、碧桃、松、竹、梅等，托件整体造型上有花篮、花瓶、竹筒、折扇、

我爱北京

假山等，起到了主角与陪衬体很好的搭配作用。牙雕动物题材主要有林中虎啸、深谷狮吼、雄鸡报晓、鱼跃荷池等等，其中十二生肖在牙雕艺术中占有一定位置。牙雕中的风景题材一般表现山水、岛屿及日月风云。嶙峋的山石、斑驳的海岩、滚动变幻的云朵是牙雕艺人尤为喜欢的挥刀具象。

三、京派内画鼻烟壶

内画鼻烟壶，是中国特有的传统的工艺品种，自清嘉庆年间内画鼻烟壶制作以来，历经近200年，是中国艺术殿堂中的一颗璀璨明珠。

内画鼻烟壶，发祥于京城，为当时皇宫贵族、达官贵人所拥有。清末民初时期"京城四大内画名家"之一的叶仲三，被称为现代"京"、"冀"

∧叶仲三内画"三国人物"鼻烟壶

北京丰富多彩的文化艺术

两派内画的创始人。建国后，北京成立工艺美术研究所，内画工艺有了明确的师承关系。目前国内主要有"京派"、"冀派"、"鲁派"及"粤派"四大流派。

京派内画在承袭了叶氏内画风格的基础上，也融合了其他各内画流派的艺术风格和现代绘画的艺术手法，形成了全新的现代京派内画艺术。其主要特点是选料精细、材质精美、结构严谨，笔法细腻；富有派别特征、画意生动、用色古朴、清新淡雅，给人以高雅独特的艺术享受；造型富有古风古韵，多以传统题材、历史故事为主，内容丰富多彩。

京派内画鼻烟壶以其独特的制作工艺、精巧美观的艺术神韵被海内外誉为"鬼斧神工"般的艺术珍品。内画鼻烟壶，反映了烟草文化的一个方面，对研究烟草文化具有一定的历史意义。它以中国画为基础，承袭了国画的精髓，拓展了国画的创作空间。内画鼻烟壶小巧别致，做工精美，具有很高的收藏价值和艺术欣赏价值。

四、雕漆工艺品

雕漆工艺品是中华民族传统手工艺品。始于汉、唐、盛于明清，已有1400余年的历史。它与景泰蓝、牙雕、玉雕并称北京四大特种工艺品，而雕漆尤显皇家气派，高贵典雅。雕漆是把漆的优良特性，与古老精湛的雕刻技艺完美的融合在一起，是中国独有的东方瑰宝和艺术精华。雕漆制品造型浑厚大方，色彩沉稳，文饰精细，具有极高的艺术价值，故宫博物院和各大博物馆均有珍藏。北京雕漆与湖南湘绣、江西景德镇瓷器并驾齐驱，名扬四海，被誉为中国工艺美术三长。北京雕漆工艺，是把天然漆料在胎上涂抹出一定厚度，再用刀在堆起的平面漆胎上雕刻花纹的技法。由于色彩的不同，亦有"剔红"、"剔黑"、"剔彩"及"剔犀"等不同的名目。北京雕漆造型古朴庄重，纹饰精美考究，色泽光润，形态典雅，并有防潮、

雕漆工艺品 >

抗热、耐酸碱、不变形、不变质的特点。雕漆工艺是中国漆工艺的一个重要门类，也是北京传统工艺美术的精华之一。它体现了我国工艺美术家的高超技艺和聪明才智，是中华民族传统工艺的瑰宝。

五、吹糖人

吹糖人是旧时北京的一个行业，北京话为"吹糖人儿"。小贩们肩挑挑子走街串巷，挑子一头是一个带架的长方柜，柜子下面有一个半圆形开口木圆笼，里面有一个小炭炉，炉上有一个大勺，中间放满了糖稀（据说是麦芽糖溶化所得）。木架分为两层，每层都有很多小插孔，为的是插放糖人。

这玩艺儿好看、好玩，玩完后还能吃，一般孩子都喜欢，见着就走不

北京丰富多彩的文化艺术

∧ 吹糖人

　　动了，不是缠着大人要买，就是跑回家去要钱，实在没钱的也不肯离去，
眼巴巴地盯着这些糖人。有的小孩图快，就付钱买一个现成的；有的则指
定形状要求现做。这时，小贩就用小铲取一点热糖稀，放在沾满滑石粉的
手上揉搓，然后用嘴衔一段，待吹起泡后，迅速放在涂有滑石粉的木模内，
用力一吹，稍过一会儿，打开木模，所要的糖人就吹好了。再用苇杆一头
沾点糖稀贴在糖人上，就大功告成了。

　　糖人有各种形状，什么小鹿、金鱼、耗子、灯笼等，最惹孩子喜爱的
是孙猴。孙猴做好后，要在猴背上敲一小洞倒入些糖稀，再在猴屁股上扎
一小孔，让糖浆慢慢地流出来，下面用一个小江米碗接着，用小江米勺舀
碗里的糖稀吃，直到糖稀流完或冷却凝固时，则连糖人孙猴以及江米碗、
勺一块儿吃掉。这套玩艺儿称为猴拉稀，最受孩子们欢迎，不过价格要比
其他糖人贵一些。

我爱北京

第四节　北京的风味小吃

北京是世界第八大"美食之城",居内地之首。北京的风味小吃历史悠久、品种繁多、用料讲究、制作精细 ,堪称有口皆碑。清代《都门竹枝词》云:"三大钱儿卖好花,切糕鬼腿闹喳喳,清晨一碗甜浆粥,才吃茶汤又面茶;凉果炸糕甜耳朵,吊炉烧饼艾窝窝,叉子火烧刚卖得,又听硬面叫饽饽;烧麦馄饨列满盘,新添挂粉好汤圆……"这些小吃都在庙会或沿街集市上叫卖,人们无意中就会碰到,老北京形象地称之为"碰头食"。京味小吃的代表有豆汁儿、豆面酥糖、酸梅汤、茶汤、小窝头、茯苓夹饼、果脯蜜饯、冰糖葫芦、艾窝窝、豌豆黄、驴打滚、灌肠、爆肚、炒肝等。

一、宫廷小吃豌豆黄

"细豌豆黄儿"乃是清宫御膳房根据民间的小枣糙豌豆黄儿改进而成。其制法较精,是将豌豆煮烂过筛成糊,加上白糖、桂花,凝固后切成两寸见方,不足半寸厚的小方块,上面放几片蜜糕,色味俱佳,质地细腻纯净,入口即化,属上品。民国以后,北海公园漪澜堂饭庄和仿膳茶社卖的即是细豌豆黄,以纸盒盛之,每盒十块。它与芸豆糕、小窝头等同称宫廷小吃。豌豆黄是北京春节一种应时佳品。豌豆利小便、止渴,和中下气,解疮毒,消炎,去除暑热,有降血压、除脂肪之功效。

∧豌豆黄

二、冰糖葫芦

冰糖葫芦是中国传统美食，它是将野果用竹签串成串后蘸上麦芽糖稀，糖稀遇风迅速变硬。北方冬天常见的小吃，一般用山楂串成，糖稀被冻硬，吃起来又酸又甜，还很冰。冰糖葫芦，在宋朝年间便开始了古式的做法，历史中早有记载，清朝年间各地盛行。茶楼、戏院、大街小巷到处可见，现已成为我国传统小吃。冰糖葫芦老少皆宜，它具有开胃、养颜、增智、消除疲劳、清热等作用。这些年在北京春节的庙会上还时常看到串得长长的糖葫芦，最顶上贴着一面小彩旗，一串上足有百十来个山楂果，被红红的果实压弯了的竹签子，拿在手中一颤一颤的，更增添了节日的热闹气氛。

厂甸庙会起源于明朝嘉靖年间，除少数几年停顿外，一直延续不断，如今已然400年有余了。它与南京夫子庙，上海城隍庙，成都青羊宫并称

我爱北京

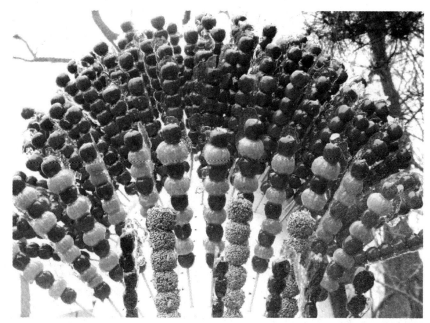

为中国四大庙会。糖葫芦是北京人岁时逛厂甸的标志，也成为北京人过春节的象征。北京的老字号冰糖葫芦有"信远斋"、"九龙斋"、"不老泉"等。

三、老北京炸酱面

炸酱面是北京富有特色的食物，由菜码、炸酱拌面条而成。将黄瓜、香椿、豆芽、青豆、黄豆切好或煮好，做成菜码备用。然后做炸酱，将肉丁及葱姜等放在油里炒，再加入黄豆制作的黄酱或甜面酱炸炒，即成炸酱。面条煮熟后，捞出，烧上炸酱，拌以菜码，即成炸酱面。也有面条捞出后用凉水浸洗再加炸酱、菜码的，称"过水面"或者"凉面"。

<老北京炸酱面

炸酱面在北京的流行程度，从老北京关于炸酱面的顺口溜可见一斑：
"青豆嘴儿、香椿芽儿，焯韭菜切成段儿；芹菜末儿、莴笋片儿，狗牙蒜
要掰两瓣儿；豆芽菜，去掉根儿，顶花带刺儿的黄瓜要切细丝儿；心里美，
切几批儿，焯江豆剁碎丁儿，小水萝卜带绿缨儿；辣椒麻油淋一点儿，芥
末泼到辣鼻眼儿。炸酱面虽只一小碗，七碟八碗是面码儿。"

大德祥老北京炸酱面大王创始于同治年间，其祖上自北京建都即在北
京居住，沿袭满族旗人的饮食文化，其祖上于同治年间在北京前门鲜鱼口
开设了适合百姓口味的大德祥山东菜馆，其主营的菜品深受百姓欢迎，尤
其是炸酱面最为出名。

四、"爆肚张"

"爆肚张"创业于1883年，创办人是张泉才和张殿增父子二人，是前
店后家的作坊式小饭馆，因为饭馆面临什刹海前海碧波粼粼的水面，地理
环境十分幽雅，特别是对文化界、教育界的人士有着很大的吸引力。

"爆肚张"的爆肚，无论是牛羊肚，原料都是24小时内宰杀的新鲜牛

我爱北京

爆肚＞

羊肚。牛百叶要一页页地反复清洗，羊肚要洗到水清为止，然后遵照传统工艺掌握好各部分的分寸，一刀一刀细细切好。羊爆肚要分清羊肚的部位，选料严格，如：肚板、肚葫芦、肚散丹、肚蘑菇、肚仁等。牛肚要分清肚领和牛百叶。一定要随顾客而选择，不同部位用不同的火候。功夫完全在"爆"字上才行。

东兴顺"爆肚张"的烧饼独特的制作方法，已经有70多年经验了。东兴顺的烧饼用标准粉烙制，原料有纯花生油、花椒、小茴香、芝麻酱、糖色、各种原料配比适当，先烙后烤，火候适当，出炉的新鲜烧饼，不但香酥可口还要层次分明，最少要二十层左右才达到要求，一定要外酥里软。目前慕名前来买烧饼的顾客除了老顾客以外，还有不少国外的朋友。

第五节　京城老字号

六朝古都北京，千百年来商贾云集、百货杂聚、店铺如林。北京城历史上有过多少家店铺，恐怕无人知晓，可若是提起前门外的全聚德、都一

　　　　　　　　　　　　　　北京丰富多彩的文化艺术

处，大栅栏里的瑞蚨祥、同仁堂，琉璃厂内的荣宝斋、一得间，北海的仿膳，什刹海的烤肉季，"食界无口不夸"的潭家菜，清真老字号白魁老号和东来顺这些京都老字号，则是老幼皆知。老字号，能百余年甚至几百年来长盛不衰，一是老字号经营有方，讲究"道义"是老字号的根基，遵守"信誉"是老字号的金字招牌；二来京城特殊的商业环境，也是老字号诞生成长的温床。

一、全聚德烤鸭

全聚德烤鸭店由杨寿山创建于 1864 年。130 多年前，杨全仁由河北逃荒到北京后，先在前门肉市做生鸡生鸭买卖，等积攒了一些资本后，盘下肉市中濒临倒闭的干果店，开了个烤炉铺，重立新字号，名为"全聚德"。

∧北京前门全聚德烤鸭店

经过杨全仁苦心经营，无论 100 多年怎样的变化，"全聚德"字号始终风雨不倒，生意越做越兴旺，名气也越来越大。"全聚德"发展到今天的杨宗满女士已经是第五代传人，拥有近百家国内外分支机构。1999 年 1 月，"全聚德"被国家工商总局认定为"驰名商标"，是我国第一例服务类中国驰名商标。

"不到万里长城非好汉，不吃全聚德烤鸭真遗憾！"在百余年里，全聚德菜品经过不断创新发展，形成了以独具特色的全聚德烤鸭为龙头，集"全鸭席"和 400 多道特色菜品于一体的全聚德菜系，备受各国元首、政府官员、社会各界人士及国内外游客喜爱，被誉为"中华第一吃"。敬爱的周恩来总理曾多次把全聚德"全鸭席"选为国宴。

全聚德前门店是老字号"全聚德"的起源店。历经百余年发展，前门店以经营闻名于世的北京传统挂炉烤鸭、"全鸭席"特色风味系及百余道创新菜肴而独树一帜，素有"天下第一楼"的美誉。同时，店内保留完好的全聚德"老门面墙"等历史文物更向世人展示了"全聚德"百年发展的峥嵘岁月。如今，前门店已成为世界各地旅游者领略中华饮食文化的最佳选择。

二、东来顺饭庄

东来顺饭庄是北京饮食业老字号中享有盛誉的一个历史名店。

在过去的一百年，东来顺的清真菜肴作为京华菜系的一个重要分支，它的创立、发展和不断丰富，曾经对弘扬中华民族饮食文化，延续、创新、发展京华菜系做出过贡献，产生过影响，一直受到前辈同行的敬重和广大顾客的青睐。

上个世纪二十年代，东来顺改良了涮羊肉的火锅等器具，并以选料精、加工细、佐料全、火力旺的独到之处，一越而成为京城涮羊肉之冠。从此，

北京丰富多彩的文化艺术

<　东来顺饭庄

东来顺便一发不可收，不仅盖起高楼雅间，经营品种也不断扩大发展，形成了集爆、烤、炒、涮于一体的清真系列菜肴，在川、鲁、湘、粤菜系林立的京城，独树一帜，成为北京著名的老字号。虽然在解放前的近半个世纪里，由于战乱频繁、社会动荡，东来顺也是历尽艰难，几度兴衰，但其经营业绩却始终高居京城饮食业之榜首。

东来顺涮羊肉非常讲究。羊屠宰之后，要冰镇以后，才由切肉师切成薄片。切肉，既不是切下去也不是锯下去，而是一前一后用月牙形的刀来回地拉。东来顺的切肉师傅，能做到一斤肉切出六寸长、一寸半宽的肉片40至50片，能切到片片薄如纸、匀若晶、齐如线、宛如花。羊肉片切成后放在青花盘中，透过肉片，都能隐隐看到盘上的花纹。

配涮羊肉要有好的调料。东来顺的调料有芝麻酱、绍酒、酱豆腐、腌韭菜花、酱油、辣椒油、虾油、米醋、葱花、香菜末等。这些调料分别在小碗里，吃时可随各人喜好自己调配。

我爱北京

东来顺饭庄的来历

上个世纪初，清政府实施新政，开放市场。1903 年，伴随着北京开辟最早、名声最大的东安市场的出现，东来顺饭庄的创始人丁德山兄弟，手推小车、带着木案和几个板凳来到东安市场北门，摆摊叫卖清真小吃豆汁、扒糕，迈出了艰苦创业的第一步。几年后，丁氏兄弟立铺挂牌，"东来顺"由此得名。铺名先是叫"东来顺粥铺"，规模不大，只是一间小木棚，经营品种为豆汁、杂面、馅饼、羊杂。1912 年，东安市场失火，木棚被焚。市场重建后，丁德山在原处建起三间瓦房，改招牌为"东来顺羊肉馆"，开始经营涮肉。丁德山出身贫寒，摆摊创业时凭力气挣钱，兴业之后也不失勤俭本色，仍是苦心经营。由于他以诚信为本，讲求货真价实，又善于学习借鉴别人的经营之道和制作技艺，所以，没出几年，东来顺的涮羊肉便与当时闻名京城的"正阳楼"齐名了。

三、同仁堂

北京同仁堂是中药行业著名的老字号，创建于清康熙八年（1669 年），在三百多年的历史长河中，历代同仁堂人恪守"炮制虽繁必不敢省人工，品味虽贵必不敢减物力"的传统古训，树立"修合无人见，存心有天知"的自律意识，确保了同仁堂金字招牌的长盛不衰。自雍正元年（1723 年）同仁堂正式供奉清皇宫御药房用药，历经八代皇帝，长达 188 年，这就造就了同仁堂人在制药过程中兢兢小心、精益求精的严细精神，其产品以"配方独特、选料上乘、工艺精湛、疗效显著"而享誉海内外。

同仁堂品牌誉满海内外，作为中国第一个驰名商标，其品牌优势得天独厚。目前，同仁堂商标已参加了马德里协约国和巴黎公约国的注册，受到国际组织的保护，同时，在世界 50 多个国家和地区办理了注册登记手续，

∧北京同仁堂药店

并在台湾进行了第一个大陆商标的注册。显而易见，同仁堂的著名商标和优秀品牌已成为同仁堂集团不断发展的特有优势。同仁堂也与杭州的"胡庆余堂"、汉口的"叶开泰"、广州的"陈李济"并称中国四大药店。

四、内联升布鞋

北京内联升鞋业有限公司，总店坐落在繁华的前门大栅栏商业街34号，以生产制作千层底布鞋而闻名中外，是目前国内规模最大的手工制作布鞋的生产企业。注册商标"内联升"为郭沫若手书体。

我爱北京

内联升布鞋店 >

公司总店于 1988 年在原址翻建了营业楼，营业面积一千七百多平米，外观具有清代的建筑风格，黄瓦红柱，描金彩绘，金碧辉煌，古色古香，内部装饰均显民族特色，店堂宫灯悬挂，货架仿古逼真。

自产鞋的花色品种 3000 余种，形成了全方位的产品结构，销售主要以特色经营为主，突出自产品的传统特色，突出百年老店浓厚的商业文化氛围和经营的个性化，共有分店、专柜（点）近百家。

多年来，经过"内联升"人的努力，"内联升"品牌多次获奖。1915年（民国四年）获得国货展览会京都市产品协会颁发的《各类鞋一等奖》；1935年（民国二十四年）获北平市物产展览会颁发的《靴鞋一等奖》；1994年被中华人民共和国国内贸易部命名为《中华老字号》。1996年开始，举办鞋文化展览，沿着古老的中国鞋文化史（少部分外国鞋）及本店鞋发展史的脉络，搜集、整理了大量的资料，利用文字图片及实物，较完整详实地展示了鞋的文化及企业的发展历程。此举对于研究"鞋"的发展及弘扬鞋文化添上了重重的一笔。

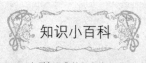

知识小百科

内联升创始人赵廷

内联升创建于1853年，创始人名叫赵廷。赵廷因早年曾在一家鞋作坊学得一手制鞋手艺，又积累了一定的管理经验，就思量着自己开一家铺子。当时的北京，为官员制作朝靴的专业鞋店很少。赵廷意识到，在这官员众多的天子脚下，"想赚大钱，就得打这些坐轿人的主意"，"内联升"就此诞生。"内"喻意宫廷，"联升"的谐音连连高升，因为皇亲国戚和文武百官都天天盼着"连升三级"、"平步青云"。鞋店的取名，寓意顾客穿上此店制作的朝靴，可以官运亨通。"脚踩内联升"成为京城一大时髦。老板也十分精明，店内的一本《履中备载》将京城百官穿鞋的尺寸全都详细记录，哪位官人须要换鞋了，不用亲自来，到时必将正合脚的鞋送到府上。服务周到自然生意红火，"内联升"从此名声大振、宾客盈门。

五、仿膳饭庄

仿膳饭庄是经营宫廷风味菜肴的老字号，至今已有80年的历史。1925年，北京北海公园正式开放，原在清宫御膳房的御厨赵仁斋、

仿膳饭庄 >

孙绍然、王玉山、赵承寿等人，在北海北岸开设茶社，取名"仿膳"，意为专门仿照御膳房制作方法，经营风味菜肴及面点小吃。仿膳经营的主要菜点品种有抓炒鱼片、抓炒里脊、碗豆黄、芸豆卷、小窝头、肉末烧饼等。这些品种保持了"御膳"特色，深受食客欢迎。

　　1955 年，仿膳茶社由私营改为国营，更名为"仿膳饭庄"。1959 年，由公园北岸迁至琼岛漪澜堂、道宁斋等一组乾隆年间兴建的古建筑群中。这里背山面水，游廊环抱，景色十分秀美，在此用餐别有一番情趣。

　　仿膳饭庄有宫廷菜肴约 800 余种，其中凤尾鱼翅、金蟾玉鲍、一品官燕、油攒大虾、宫门献鱼、溜鸡脯等最有特色；名点有豌豆黄、芸豆卷、小窝头、肉末烧饼等。仿膳最著名的菜肴当属"满汉全席"。满汉全席选用山八珍、海八珍、禽八珍、草八珍等名贵原材料，采用满族的烧烤与汉族的炖焖煮等技法，可谓汇南北风味之精萃，丰富多彩，蔚为大观。完整的满汉全席需 4—6 餐用完。为满足宾客的需要，饭庄推出了"满汉全席精选菜单"，使宾客吃一餐就可领略满汉全席的精美特色。

北京丰富多彩的文化艺术

仿膳饭庄在几十年的经营中，始终保持了宫廷风味的特色。为了不断挖掘开发宫廷名菜，仿膳派人多次前往故宫博物院，在浩繁的御膳档案中整理出乾隆、光绪年间的数百种菜肴。

饭庄经常接待国家宴请及承办大型宴会。接待的国外元首及政要有美国前总统尼克松、国务卿基辛格·舒尔茨、日本前首相田中角荣、大平正方、英国前首相希思、菲律宾前总统马科斯、民柬主席西哈努克及宾努、宋双、乔森潘、意大利前总理克拉克西、马耳他前总统巴巴拉、联全国前秘书长瓦尔德海姆等。

六、盛锡福

盛锡福是京华老字号企业，始创于 1911 年，100 年的历史抒写着盛锡福代代辉煌的灿烂业绩。

盛锡福　创办人刘锡三，山东掖县沙河镇人，家中世代务农。刘锡三

<盛锡福

我爱北京

幼年读过几年书，后来，家乡受灾。为谋生，刘锡三到青岛市一家外国人办的饭店做勤杂，学会了一些日常英语。籍此，刘锡三跳槽到一家洋行做业务员，负责下乡收购草帽辫。1912年，他和友人合资在天津估衣街开办了盛聚福小帽店。1917年从东洋银行得到一笔可观的贷款之后，刘锡三在天津法租界21号选好店址，把盛聚福改为盛锡福。

　　盛锡福帽子以其用料考究、手工制作、做工精细、品质优良而著称于世，受到海内外各界人士的广泛欢迎。毛主席、周总理、刘少奇主席、陈毅副总理、江泽民主席以及朝鲜金日成主席、印尼苏加诺总统、柬埔寨西哈努克亲王等党和国家领导人、外国政府首脑都曾在盛锡福订做过帽子。

第六节　北京的庙会

一、厂甸庙会

　　庙会或称庙市，始称"社祭"，原于宗教活动。旧时，有庙宇就有佛事，有佛事就香客云集，就招徕了做生意的商贩，于是就形成了庙会。

　　过去老北京在春节期间开放的有厂甸、白云观、大钟寺等八大庙会，其中尤以厂甸庙会最负盛名，其规模之大，时间之长（农历正月初一至十五），是其他庙会无法相比的。

　　厂甸是宣武区南新华街路东一条小胡同。元代政府在此设窑烧制琉璃瓦，故名琉璃厂厂甸。一般的庙会大都是以庙宇的名称命名，厂甸庙会的

<北京厂甸庙会

庙宇有三座，即火神庙、吕祖祠和土地祠，这三座庙宇都是明朝建造，火神庙现为宣武区文化馆，吕祖祠在厂甸七号，土地祠已拆，原地现为宣武区实验幼儿园。由于这三座庙宇相距很近，而且都在农历正月，佛事兴盛，人群和商贩摊位连在了一起，所以称为厂甸庙会。

历史上的"厂甸"庙会北起和平门，南抵梁家园，西到南北柳巷，东至延寿寺街。以新华街、海王村、火神庙、吕祖祠为核心地带。据乾隆年《帝京岁时纪胜》记载："每于正月元旦至十六日，百货云集……千门联络、图书充栋、宝玩填街。"光绪年《厂甸记》中说："至正月则倾城士女、如荼如云、车载手挽，络绎于途。"1918年，厂甸庙会被北洋政府正式认定，成为旧都唯一的官设春节庙会集市。1945年，"残灯破庙"的冷落时期，仍有游人逾20万，占当时京城人口的1/5；1960年因自然灾害曾中断一时；1963年，市政府重开厂甸庙会，全城轰动，席棚布帐鳞次栉比，商摊货贩比肩靠背。

厂甸庙会向以书籍古玩、字画文具独秀于林，自古便以"文市"著称。同时特色小吃、传统工艺、日用百货和儿童玩具也颇具盛名，逛庙会的人三教九流、工农商无所不有，无论男女老少都能在此各得其乐，各有所获。

我爱北京

每当厂甸庙会的最后一天即正月十五晚上，都要在东琉璃厂西口处燃放"盒子"，那是一种大型烟花，观者甚众，使庙会欢乐的气氛达到高潮。

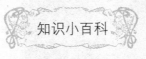

知识小百科

庙会的小吃

在庙会上经营风味小吃的，一般是浮摊，有的支个布棚，亮出字号，里面摆了条案、长凳；有的只将担子或手推独轮车往庙上一停，任人围拢，站立而吃，既经济又实惠。庙会上的小吃从晚清到解放初期基本没什么变化，有豆汁、灌肠、羊霜肠、马蹄、扒糕、凉粉、油茶、驴打滚、炒肝、炸丸子、豌豆黄、艾窝窝，还有那岁寒三友（半空儿、海棠红、冻柿子）。以上这些品种到如今大多数都保留下来了。

二、隆福寺庙会

隆福寺庙始建于明景泰一年（1452 年），清雍正元年重修。殿内穹窿上的藻井，属于明、清两代建筑中最精美、最巧妙的孤例。隆福寺曾是朝廷的香火院之一。所以一建成便香火很旺，成为京师著名的大庙会，向有"诸市之冠"的称呼。因其坐落在东城，故人们称它为"东庙"，与护国寺对称。隆福寺的庙会，已有二三百年的历史。据《大清一统志》载："隆福寺，逢每月之九、十有庙市，百货骈阗，古玩字画，风味小吃，花鸟鱼虫，为诸市之冠。"

清代，旧历每月逢一、二、九、十开庙（1930 年起改用阳历）。每月开庙十二天或十三天。每逢庙期，人流如海，士女云集。上至在附近王府居住的贵族、东交民巷使馆区的外国人，下至贫苦市民和近郊农民都不约而同地到此赶庙。人们可以买到各式各样的土特产品，吃到各种北京地方

<隆福寺庙会

风味小吃，还可以观看北京的民间戏曲。据清代《北京竹枝词》说，全盛时期"一日能消百万钱"。

市场货位排列是一进山门卖簸箕、笸箩、竹柳什物、炊事用具等山货。前殿内大部是卖古玩、珠宝的摊商。凡珍珠、玛瑙、翡翠、珊瑚、宝石、陶瓷、古铜、雕漆、珐琅等一应俱全。二院以后则是卖日用百货、衣服鞋帽（包括估衣）、首饰、布匹、儿童玩具。其中著名的有：王麻子的刀剪、金象张的梳头笸子、钢刀刘的茶果刀、三合局的假发结。后院（塔院）则是小吃摊子和小戏棚子，中间夹杂有相面、算卦，卖野药的摊子。

小吃摊上卖的均是北京地方所特有的灌肠、扒糕、凉粉、茶汤、油茶之类。其中最著名的是本庙喇嘛郇德拉的豆汁，据说他的豆汁漂得净、发得好，所配卖的焦圈油果和芝麻酱烧饼也超过其它摊贩。庙夹道有鸟市。卖鸽子、鹌鹑、各种鸟禽、金鱼、蝈蝈、蟋蟀……种类繁多，应有尽有。庙的四周，尤其是前后门临时摊贩和流动商贩赶档子的甚多，主要是卖吃食和儿童玩具。如：小枣的豌豆黄、"驴打滚儿"（豆面糕）、纸制小花篮、泥头纸身和能自由伸缩的小长虫，春节期间与节年临时庙会相同，也有风车、大糖葫芦、空竹、扑扑登儿等。

∧ 民国时期的隆福寺庙会（老照片）

三、地坛文化庙会

　　地坛庙会始办于 1985 年，至今已成功举办了 27 届，一届胜似一届，以较高的艺术品位和鲜明的民族特色享誉中外，其胜景被誉为现代的《清明上河图》和中国的狂欢节。春节逛地坛庙会是京城老百姓沿袭多年的习俗。作为京城恢复最早的庙会，地坛春节文化庙会以地道民俗、传统民间特色闻名于京城。每届庙会都要吸引游客百万余人次，成为和哈尔滨冰灯节、自贡灯会、潍坊风筝节并称的中国四大群众文化活动之一。

地坛庙会的仿清祭地表演＞

地坛庙会以"贺新春、庆佳节、众民乐"为主旨，用人们喜闻乐见的文化活动形式和内容，将百戏名曲、民间花会、天桥绝活、祭地礼仪、茶艺书画等不同文化系列汇于一场，将民族、民俗、传统、现代、乡村、城市诸种文化形式复合为一体，把各地美食名吃、杂艺百货集于一会，兼顾男女老少、志情雅俗不同欣赏品位和文化需求，注重闹与静、里与外、观赏与参与等多方位、多层次、多角度的活动形式和内容调配，为中外广大游客营造了一个"欢乐、喜庆、祥和"并具有浓郁民族、民俗、民间特色和风味的节日娱乐场所，尤其体现了老北京民俗风情，也成为弘扬传统文化精神、展现民族优良传统的重要角色。到地坛逛庙会已成为人们过年的一项风俗，并在国内外产生着越来越大的影响。

四、龙潭文化庙会

　　龙潭庙会自 1984 年开始举办以来，已历经 29 个春秋，成为北京市春节期间一项传统性的大型群众文化活动，在国内有广泛的影响，在国际上也有了一定的知名度，进一步展示北京发展活力，彰显现代化都市文化休闲区的独特魅力。

<龙潭庙会的舞狮表演

我爱北京

整个庙会期间，百花齐放的各类活动天天有精彩，逛庙会的同时既可以领略浓郁淳厚的传统民俗，又可以体验现代科技带来的快乐和激情。龙潭庙会最争奇斗艳的还是各种摊位，民俗布艺、传统手工艺、民间小吃琳琅满目，除此之外，还有很多大江南北中外名特小吃和各种新奇玩具、高科技工艺品。融会传统与现代，贯通民俗与创新，这真是一场新时代的大集市。

龙潭庙会以其独特的体育、民俗、科技特色独树一帜，成为国内外知名的文化品牌，也是京城唯一连续三年被评为"北京市民最喜爱的春节庙会"的庙会活动，2009 年更是被北京市旅游局评为"历史最久远的庙会"，被北京市文化局评为"非遗展示奖"和"最具人气的庙会"。

五、白云观庙会

西便门外的白云观是春节期间开放时间最长、香火最盛、最具特色的庙会之一。白云观位于北京西便门外，复兴门外白云路之东。每年农历正月初一至十九日有庙会。以宗教活动为主。

白云观是北京最大的道观，号称"全真第一丛林"。白云观正月开庙的主要活动有"会神仙"，"顺星"，"打金钱眼"，"摸石猴"等等。传说正月十九日丘处机要降临人间超度有缘者。庙会期间以出售香烛纸箔神像最多，其次是各种食品、儿童玩具等，日用百货为数不多。会期还有各处民间花会，狮子、高跷、旱船都来进香表演，锣鼓不断，热闹异常。

上午八时左右，这里早已万头攒动了。门口遍布卖小吃的摊贩，所卖小吃也与其它庙会大同小异。但是终究太早，生意还比较清淡。而最热闹的一幕却是进山门时的"摸石猴儿"。观门呈拱形(共三门，中间大，两翼小)，门的内圈系以一弧形石雕为饰。石雕的左下方有一石猴浮雕，传说人们摸了它可以清心明目不患眼病，即使患病亦可痊愈。当然这纯系无稽之谈，

< 白云观庙会

但游人则必欲摸之而后慰。久而久之，"摸石猴儿"也就成为新正逛白云观的传统节目了。长期经人们的抚摸，山门上弯窿般的石雕，别处依然呈青砂石的深灰色，唯独这个小猴儿被摸得锃光瓦亮，特别逗人喜爱。

　　逛白云观还有一个很惬意的活动，就是骑小毛驴。每逢庙会，一些人总要乐滋滋的骑在披红挂彩的毛驴身上，以享当年骑驴逛庙会的乐趣。

知识小百科

"打金钱眼"

　　"打金钱眼"是白云观庙会的一项娱乐活动。金钱是用红绒绳从南北两端绷紧的，中孔内系一小铜铃。在东西两侧桥畔，设有许多以现钞兑换已不流通的制钱摊子（多为本观道士经营），以一角钱兑换十个制钱。游客们即于两侧桥面上瞄准相距五米开外的金钱孔上的小铜铃投掷。谁能打得准，把铜铃打中打响，这一年他就会顺顺当当儿，事事如意。这就是著名的"打金钱眼"。因距离较远，铜铃又小，能打中者，纯系偶然。不过人总是要试试"运气"，即使花多少钱去兑换制钱也在所不惜。

我爱北京

第七节　老北京的节日习俗

一、春节

　　与老北京的春节习俗相比，虽然北京的春节习俗已经有了些变化，但是老北京的丰富年俗毕竟让人怀念。

　　从腊月初八家家户户要泡腊八醋（蒜），就开始有了"年味"。民谣："老太太别心烦，过了腊八就是年。腊八粥，喝几天？哩哩啦啦二十三……"在北京腊月二十三又称"小年"。从这天开始，北京人更加忙活了，要祭灶，扫房子，蒸馒头，置办年货，贴"福"字，贴年画，剪窗花，贴对联。贴门神，贴挂钱，一直忙活到除夕，开始过大年。

　　北京人总是把"福"倒着贴在门里、衣柜、水缸上，寓意着福到了。北京人在屋内廷贴上"抬头见喜"，屋外贴上"出门见喜"，院内贴"全院生辉"等春条。过去大多数老北京人家都供有佛龛或神像，到了年三十最讲究的要摆上九堂大供。有成堂的蜜供、成堂的套饼、花糕的面鲜、成堂的水果、干果花糕大小八件、年糕年饭、素饺子（或蒸食）、素炒菜（或炸食）。家境不好的也要摆三堂或五堂供品。北京人过年讲得就是吃喝玩乐，以吃为主。这些供品实际上也是为人准备的。

　　北京人除夕晚上的年夜饭（又称团圆饭）是必不可少的，也是全年最

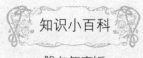

除夕年夜饭

老北京的年夜饭是有讲究的，菜的数目一定要是4的倍数，大户人家很多都是32道菜，取的是来年"四平八稳"的意思。

年夜饭在天刚刚擦黑的时候开始，也就是下午5点钟左右。在吃饭之前，要去门外放一挂鞭炮，告诉那些来来往往的妖魔鬼怪，"我们家要吃团圆饭了，妖魔鬼怪通通走开"。鞭炮放完，年夜饭才能开席。席面上必须要有的是鱼，而且这条鱼不能吃完，要留到正月初一，取的是"连年有余（鱼）"的谐音。

辞旧迎新的时刻吃饺子，在12点准时端上桌，取的就是"新年旧岁，交在子时"的意思。老北京人在包过年饺子的时候会在饺子里放花生，糖块或者洗干净的硬币，全家谁吃到了包有特殊内容的饺子就代表来年的好运会降临在这个人身上。

丰盛的一次晚餐。北京人除夕和正月初一都要吃饺子，取其"更岁交子之义"。

老北京人有除夕守岁的风俗，守岁最早起源于晋代。守岁其意有二，年岁大的是在辞旧之际有珍惜时光之意；年青人守岁则有为父母延寿之意。所以凡是父母健在的人都必须守岁，再搞些娱乐活动。

除夕子时接神后，全家要进行团拜，团拜最早出现在汉代为官方朝拜皇帝之礼。老北京的团拜从清代盛行。全家要先在祖宗牌位前磕头拜年，然后晚辈再给长辈磕头拜年，这时长辈要给未成年的小辈压岁钱。给压岁钱的习俗起于清代。为的是体现长辈对晚辈的慈爱之情，也有驱邪取吉之意，团拜后，全家聚在一起吃素馅的接神饺子，又称五更饺子。

初一到初五北京人则要串亲走友，相互拜年，请客送礼、逛庙会、逛厂甸。到了初五北京人称"破五"，百姓"送穷"、商人"开市"（初六正式开业）。初五家家户户都要包饺子，称之为"捏小人嘴"，其意是

我爱北京

一年之内不犯"小人"顺顺当当。一直到正月十五北京人才算是过完了春节。

老北京的春节习俗，作为一种民俗文化，深深地影响着人民的生活，并扎根于人们的心目之中，它蕴含着家人团聚的温馨、辞旧迎新的喜悦和期望。春节以其独特魅力向世界传播、展示着文明古国、古老民族文化的生命力。

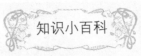

知识小百科

春节祭的财神是谁？

祭财神是正月初二的主要内容，这天无论是商贸店铺，还是普通家庭，都要举行祭财神活动。财神是谁？说法亦不统一，归纳一下，有以下几位。

赵公明：道教中的玄武之神，俗称赵公元师。此说来源于《三教搜神大全》，圣号全称为"总管上清正一玄坛飞虎金轮执法赵元师"。

比干：殷纣王的叔父，因忠耿正直，被挖心。因其"无心"，故不偏倚，后世人奉为财神。

范蠡：春秋时期越王勾践手下大臣，帮助越王打败吴国，后来经商发了大财，改名陶朱公。后人奉为财神。

关羽：三国中的关羽最重义气，后人把"义"和"利"等同对待，奉为财神。一般商号供奉关羽者居多，认为他对商号有保护作用。

上述财神中，范蠡、比干等称为文财神，赵公天师、关羽为武财神。此外还有供奉太白星者，称为"财帛星君"。因为太白星亦叫金星，附会为财神。还有以齐天大圣、招财童子为财神者。

二、元宵节

正月十五"元宵节"，元宵是灯节。在中国，唐朝遗留下来灯节观

北京丰富多彩的文化艺术

∧ 北京元宵节灯会的兔爷灯

灯的习惯一直在民间流传着。正月之灯一向集中于前门内的"六部",叫"六部灯",以"工部"的灯最为人称道。冰灯,飞禽走兽、世间百态,制作得非常工巧。

灯市从前集中在东、西四牌楼,后来移到廊房头条。琉璃厂每于元旦至十六日,百货云集,灯屏琉璃,万盏棚悬,玉轴牙签,千门联络,图书充栋,宝玩镇街。更有"秦楼楚馆偏笙歌,宝马香车游士女"。也是旧京年节一景。

另外,元宵节吃汤圆的风俗也一直保留到现在,因为在上元节的晚上——元宵吃汤圆,人们也就习惯地把汤圆叫做"元宵"。元宵佳节,北京的饮食、糕点铺,甚至连马路两边都设摊兜售汤圆,家家户户在正月十五这天都吃碗热气腾腾的汤圆。汤圆又叫汤团、粉果,因为熟了浮在水上,古代又叫它浮圆子。人们在元宵节吃汤圆,实际上是思念亲人、渴望团圆的意思。

我爱北京

三、清明节

天气渐暖，春意盎然。郊外春游。清明全家备祭品扫墓，带着风筝，祭毕墓前游玩。儿童戴柳条圈。戴柳之俗始自唐代，唐高宗三月三日在渭阳祓禊(除不祥)赐柳圈一个，说戴了可免虿毒。祭祀后用柳条穿剩下的蒸食。立夏时用油煎了给小儿吃，说不忱夏。

虽然说清明节也就是寒食节不能动烟火，但是北京人在清明节前后几天是一定要给故去的人烧纸的。而清明节烧纸也很有讲究，选一十字路口，在地上画一个不封口的圈，在里面堆上一堆纸钱，叫着故人的名字，把这堆纸钱点着，然后在圈外面再放上一堆纸钱，这堆是给野鬼的，怕野鬼抢了自家故人的。

清明一过，北京人便开始春游活动。赏玉兰即是一项。玉兰花那洁白厚实的花瓣，芬芳扑鼻的香味确实是诱人的。因为玉兰是南方植物，明清时代随着园林建筑的兴起，它也被移植到北京来，而且多在西山一带。人们熟知的是颐和园的两棵玉兰。每年清明一过，人们便开始成群结伴到乐寿堂去，那时没有公共汽车，有坐轿的，骑驴的。 两棵玉兰两种颜色，白玉兰没有开谢，紫玉兰就向人们展开它那浅紫色的小碗了。人们围着两棵玉兰，仰首观赏，不忍走开。

知识小百科

放风筝

老北京清明时节有放风筝的习俗，这是健身活动，也是那时的游乐活动。风筝最早在春

北京丰富多彩的文化艺术

秋战国时就已用于军事，用放飞风筝传信息，明清后转为宫廷娱乐并为平民游乐玩具，因古时在风筝上装置响笛或洋皮小鼓等风吹发出似筝之声而称"风筝"之名。老北京时风筝制作更为精巧，那时有被称为"曹氏风筝"、"风筝金"、"风筝哈"、"风筝马"等流派的风筝，曹雪芹对风筝颇有研究，还曾写过一本《南鹞北鸢考工志》的书，书中记录了他放飞制作风筝的经验与体会。风筝可在庙会集市上购买，也有自家制作的，如儿童自制的称为"屁股帘"的简易风筝。阳春三月在郊外山野或四合院内外广阔之地放风筝，沐浴着阳光，吸着清新空气，人体气血畅通。这项活动至今仍受广大百姓喜爱，常见在天安门广场和城内外广阔地区有各式各样的风筝在蓝天白云中翱翔。

四、端午节

端午节是我国三大传统节日(春节、端午、中秋)之一。旧历五月初五这天，老北京除了举行赛龙舟，吃粽子等纪念伟大诗人屈原的各种活动外，还有很多独特而寓意深远又风趣的习俗。

∧端午龙舟大赛前为龙头披红点睛。

我爱北京

我国古人有称五月为"恶月"之说。因为此时天气转热，各种疾病和蚊蝇、毒虫日渐增多，对人体威胁很大。因此人们便围绕避邪驱灾而展开了各种活动。除了民间百姓的儿童穿五毒兜肚外，宫眷内臣也穿五毒艾虎补子蟒衣。此外还有一种绣有五毒的"避邪鞋"。除了穿的，吃的点心也有五毒图案的人们称它为"五毒饼"。

端午节又称"女儿节"。家家户户都把女儿打扮得漂漂亮亮，头戴一朵朵石榴花。人们说石榴花是吉祥花可避邪除灾。出嫁的女儿这天也回娘家。她们用绫罗制成小老虎、桑椹、樱桃、葫芦、黄瓜、茄子，小辣椒等，用彩线穿成串悬在钗头和小孩背上，说这样可以避邪不染瘟疫。人们称它为"长命缕"，也叫它"葫芦"。

端午节也是老北京人的旅游日，这天人们纷纷带着雄黄酒、五毒饼、粽子及夏令水果等去天坛、金鱼池游玩。中午吃过饭再吃一枚黑桑椹，据说这样做在夏季里可免误食苍蝇之患。午后人们便离开天坛，人们把这一活动叫"避灾"。

五、乞巧节

烧香是老北京人民俗生活中的一件大事，凡是过节就要烧香。七夕也不例外，人要想和天上的牛郎织女沟通，就要烧香。七夕夜烧香祭拜星星是仪式的重要组成部分。一般人家祭拜星星十分简单，只不过摆个案子当香案，香炉里插上三只香而已。有钱人家还要摆些水果，钱少人家顶多加上两根蜡烛。比较讲究的人家把供案设在庭院或花园，最好是设在葡萄架旁，供案上陈设有用西瓜雕刻的"花瓜"、蜜桃、闻香果等时令鲜品。在花瓶里插上鲜花，有的还将胭脂、粉摆上去献给织女。七夕正值夏秋之际，天上繁星闪耀，一道白茫茫的银河横贯南北，银河东西两岸，各有一颗闪亮的星星，隔河相望，遥遥相对，那就是牵牛星和织女星，老人们把它们叫"双星"。过去老北京地上没有这么多的路灯，空气也非常透亮，所以七夕祭双星是大人教小孩识别天上星星的好时机。七夕祭双星是要向星星磕头的，七夕又称女儿节、乞巧节，主要是女人的事。未成年的男孩在母亲的指挥下也要磕头，不是向双星，而是向北斗星，因为古代把七月七日又叫"魁星节"、"祭星节"，据说从小识别北斗星，一辈子走夜路不发蒙，将来考试能得中。

早年，大家祭完双星后，参加祭拜的姐妹们把献给织女的化妆粉分成两半，一半扔在房上，说是给织女用，一半留给自己用，妇女们认为与织女共享化妆品，可以保持自己的青春魅力。乞巧活动也是在祭罢双星后进行，由老人给每人一根针、一根线，让姑娘们同时穿引，看谁穿的快、谁先把线穿进针孔，就算乞到了灵巧和智慧。清代以后，七月七日这一天，部分婆婆、小姑和儿媳，可以不分老幼尊卑同做丢针占卜的游戏。具体做法是在初六的晚上先设水碗于花下，放至初七日中午，妇女们将平日缝衣服或绣花用的针小心翼翼地平放在碗中，针浮在水面者就会有运气，沉下水者说明女工活还欠功力，今后需要努力。针浮在水面上，投影到盆底，针影美观如同花朵、鸟兽、云彩等形，说明天上织女已经知道自己乞巧了，谓之有"缘"；如果细直如针形便是"巧"的象征，谓之"乞得巧"，因为这些影子表示织女赐给她一根灵巧的绣花针，可以绣出美丽的图案。如果水下针影如槌，或弯曲不成形者，就表示丢针这个妇女是个"拙妇"织女给她一根石杵。为此，有的妇女会悲叹甚至会哭起来。

六、中秋节

"八月十五中秋节，水果月饼摆满碟"，这句名谚道出了老北京隆重、喜庆的过节情景。八月节是仅次于春节的中华民族的传统节日。古人把月圆视为团圆的象征，所以又称"团圆节"。老北京中秋要放三天假。

十三到十五日，学生也不上课。而所谓"泥兔摊"，就是卖兔儿爷的。前些年，北京中秋还有兔爷卖，现在很少见了。中秋节祭的就是这只月亮里的兔子。兔爷是泥做的，兔首人身，披甲胄，插护背旗，脸贴金泥，身施彩绘，或坐或立，或捣杵或骑兽，竖着两只大耳朵，亦谑亦谐。过中秋，家里摆个兔爷像，确实很有气氛。

每年"七月十五"刚过，来自京郊、河北、河南、山东等地的水果开始陆续上市，市肆的果摊栉比摆设，铺在水果下的青蒿和上面的鲜果散发出阵阵清香。八月初一，油盐店的菜床子上添卖丰硕鲜艳的鸡冠子花和缀满豆荚的毛豆枝子。干货店里，增添了价钱不菲的早花西瓜。兔儿爷摊琳琅满目，糕点铺的月饼开始出炉。整个京城一派节日景象。

中秋节与月亮息息相关，人们对月亮的崇拜由来已久。秋分祭月始于周代，中秋赏月始于魏晋盛于唐，宋代正式把八月十五定为中秋节。北宋苏东坡的《水调歌头·明月几时有》成为千古绝唱，"但愿人长久，千里共婵娟"家喻户晓。直到上世纪40年代末，老北京还有祭月、拜月的习俗。每逢中秋节的黄昏，一轮明月升起之时，每家每户的女眷会在庭院的东南设一香案，供上"月光马儿"，案上至少有三盘月饼、三盘水果，案前放上毛豆枝子、鸡冠子花、切成莲花瓣形的莲瓣西瓜和九节藕。女人一一向月而拜。祭毕，一家人围桌而坐，饮团圆酒，分吃团圆月饼，其乐融融。这就是祭月的古俗。

中秋节吃月饼由来已久，据说月饼最初起源于唐朝军队祝捷食品，北宋苏东坡有诗为证："小饼如嚼月，中有酥和饴。"过去老北京吃的月饼主要有三种：自来红、自来白、提浆月饼（即团圆饼），后来才有"翻毛"、"癞皮"和广东月饼。过节时，老北京还喜欢自制月饼。沈榜在《宛署杂记》中，记述了明代北京中秋制作月饼的盛况：坊民皆"造面饼相遗，大小不等，呼为月饼"。很可惜，这种习俗已不复存在。老北京的月饼以前门外"致美斋"所制为第一，尤其是它还现做现卖热月饼。

　　　　　　　　　　　　　　　　北京丰富多彩的文化艺术

七、重阳节

重阳节距今已有2000多年的历史。"重阳"也叫"重九",九月九,两九相重,古人认为是一个值得庆贺的吉利日子。老北京人在重阳节时,常常用登高、佩戴茱萸、赏菊、饮菊花酒、吃花糕、食烤肉、涮羊肉、吟诗作赋等方式来庆祝,以祈求平安健康,而这些风俗,也一直流传至今。

"中秋才过近重阳,又见花糕各处忙。"吃花糕是老北京重阳节时必不可少的。花糕,又称菊花糕、重阳糕,吃花糕源于"登高"的"高","糕"字与"高"同音,象征"步步高升"之寓意。旧时老北京花糕种类繁多,一类是饽饽铺里卖的烤制好的酥饼糕点,如糟子糕、桃酥、碗糕、蛋糕、萨其马等;一类是四合院里主妇们、农村妇女用黄白米面蒸的金银蜂糕,糕上码有花生仁、杏仁、松子仁、核桃仁、瓜子仁五仁;还有的是用油脂和面的蒸糕;将米粉染成五色的五色糕;还有的糕中夹铺着枣、糖、葡萄干、果脯,或在糕上撒些肉丝、鸡鸭肉丝,再贴上"吉祥"或"福寿禄禧"字样,并插上五彩花旗。花糕那时也像月饼一样用于馈赠亲友。

佩戴茱萸是老北京重阳时的传统。茱萸全称吴茱萸,又称越椒,是一种芸香科植物,它有散寒止痛、温中止泻、开郁杀虫之功效,古代有"吴仙丹"和"辟邪翁"之称。老北京人认为在重阳节这一天插茱萸可以避难消灾,于是人们把茱萸佩戴在手臂上,或磨碎放在香袋里,还有插在头上的,除了佩戴茱萸,也有头戴菊花的。到了清代,北京人过重阳节的习俗还有把菊花枝叶贴在门窗上,"解除凶秽,以招吉祥"。

赏菊、饮菊花酒是老北京人度重阳节的另一项风俗。菊花,秋之骄子,其色艳丽,富于神韵,其品坚贞,经霜不凋,深得文人墨客的青睐,边赏菊,边饮菊花酒。重阳节饮菊花酒的习俗最早起源于晋朝大诗人陶渊明,陶渊明以隐居、作诗、饮酒、爱菊出名,后人效仿他,遂有重阳赏菊的风俗。

我爱北京

第五章

北京的旅游景观

　　颐和园集传统造园艺术之大成，饱含中国皇家园林的恢弘富丽气势，又充满自然之趣，高度体现了"虽由人作,宛自天开"的造园准则。颐和园亭台、长廊、殿堂、庙宇和小桥等人工景观与自然山峦和开阔的湖面相互和谐、艺术地融为一体，整个园林艺术构思巧妙，是集中国园林建筑艺术之大成的杰作。

∧故宫全景

第一节　北京的世界文化遗产

一、故宫

故宫位于北京市中心,旧称紫禁城。于明代永乐十八年(1420年)建成,是明、清两代的皇宫,无与伦比的古代建筑杰作,世界现存最大、最完整的木质结构的古建筑群。

自明成祖朱棣夺取帝位后,决定迁都北京,于是于1406年(永乐四年),明成祖下令仿照南京皇宫营建北京宫殿,至明永乐十八年(1420年)落成。

故宫全景 ＞

依照中国古代星象学说，"位于中天，乃天帝所居，天人对应"，是以皇帝的居所又称紫禁城。故宫占地72万平方米，建筑面积约15万平方米，共有殿宇8707间，都是砖木结构、黄琉璃瓦顶、青白石底座饰以金碧辉煌的彩绘。

故宫四面环有高10米的城墙，城墙南北长961米，东西宽753米，城外有一条宽52米、长3800米的护城河环绕，构成完整的防卫系统。故宫总体布局为中轴对称，布局严谨，秩序井然，寸砖片瓦皆遵循着封建等级礼制，映现出帝王至高无上的权威。故宫被誉为世界五大宫之一（北京故宫、法国凡尔赛宫、英国白金汉宫、美国白宫、俄罗斯克里姆林宫），并被联合国科教文组织列为"世界文化遗产"。委员会评价：紫禁城是中国五个多世纪以来的最高权力中心，它以园林景观和容纳了家具及工艺品的9000个房间的庞大建筑群，成为明清时代中国文明无价的历史见证。

故宫宫殿是沿着一条南北向中轴线排列，三大殿、后三宫、御花园都位于这条中轴线上。并向两旁展开，南北取直，左右对称。这条中轴线不

∧故宫太和殿

我爱北京

仅贯穿在紫禁城内，而且南达永定门，北到鼓楼、钟楼，贯穿了整个城市，气魄宏伟，规划严整，极为壮观。故宫的建筑依据其布局与功用分为"外朝"与"内廷"两大部分。"外朝"与"内廷"以乾清门为界，乾清门以南为外朝，以北为内廷。故宫外朝、内廷的建筑气氛迥然不同。外朝以太和殿、中和殿、保和殿三大殿为中心，位于整座皇宫的中轴线，其中三大殿中的"太和殿"俗称"金銮殿"，是皇帝举行朝会的地方，也称为"前朝"，是封建皇帝行使权力、举行盛典的地方。此外两翼东有文华殿、文渊阁、上驷院、南三所；西有武英殿、内务府等建筑。内廷以乾清宫、交泰殿、坤宁宫后三宫为中心，两翼为养心殿、东六宫、西六宫、斋宫、毓庆宫，后有御花园。是封建帝王与后妃居住、游玩之所。内廷东部的宁寿宫是当年乾隆皇帝退位后养老而修建。内廷西部有慈宁宫、寿安宫等。此外还有重华宫，北五所等建筑。

故宫有四个门，正门名为午门。午门有五个洞。其平面为凹形，宏伟壮丽。午门后有五座精巧的汉白玉拱桥通往太和门。东门名东华门，西门名西华门，北门名神武门。故宫的四个城角都有精巧玲珑的角楼，角楼高

∧ 故宫角楼

北京的旅游景观

27.5米，十字屋脊，三重檐迭出，四面亮山，多角交错，是结构奇丽的建筑。故宫严格地按《周礼·考工记》中"前朝后寝，左祖右社"的帝都营建原则建造。整个故宫，在建筑布置上一砖一瓦都在表现着皇权至上，用形体变化、高低起伏的手法，组合成一个整体。在功能上符合封建社会的等级制度。同时达到左右均衡和形体变化的艺术效果。中国建筑的屋顶形式是丰富多彩的，在故宫建筑中，不同形式的屋顶就有10种以上。以3大殿为例，屋顶各不相同。故宫建筑屋顶满铺各色琉璃瓦件。主要殿座以黄色为主。绿色用于皇子居住区的建筑。其它蓝、紫、黑、翠以及孔雀绿、宝石蓝等五彩缤纷的琉璃，多用在花园或琉璃壁上。太和殿屋顶当中正脊的两端各有琉璃吻兽，稳重有力地吞住大脊。吻兽造型优美，是构件又是装饰物。一部分瓦件塑造出龙凤、狮子、海马等立体动物形象，象征吉祥和威严，这些构件在建筑上起了装饰作用。故宫前部宫殿，当时建筑造型要求宏伟壮丽，庭院明朗开阔，象征封建政权至高无上，太和殿坐落在紫禁城对角线的中心，四角上各有十只吉祥瑞兽，生动形象，栩栩如生。故宫的设计者认为这样才能显示出皇帝的威严，震慑天下。后部内廷却要求庭院深邃，建筑紧凑，因此东西六宫都自成一体，各有宫门宫墙，相对排列，秩序井然，再配以宫灯联对，绣榻几床，都是体现适应豪华生活需要的布置。内廷之后是宫后苑。后苑里有岁寒不凋的苍松翠柏，有秀石迭砌的玲珑假山，楼、阁、亭、榭掩映其间，优美而恬静。

二、周口店遗址

周口店北京猿人遗址位于北京市房山区周口店龙骨山。距北京城约50公里。1929年中国古生物学家裴文中在此发现原始人类牙齿、骨骼和一块完整的头盖骨。并找到了"北京人"生活、狩猎及使用火的遗迹，证实50万年以前北京地区已有人类活动。

山顶洞 >

周口店遗址第一地点，又称"猿人洞"，即著名的北京猿人化石出土地点。1921 年和 1923 年瑞典地质学家安特生与奥地利古生物学家师丹斯基发现并进行了试掘，1927 年开始正式发掘。由步达生负责野外工作和人类化石研究。1927 年发现了一颗保存很好的人类下臼齿 化石，步达生经过仔细的研究，提议给这种中国古代的人类一个古生物学的学名："中国猿人北京种"，后来葛利普教授将之命名为"北京人"，这个通俗的名字，一直沿用至今。

周口店遗址是世界上材料最丰富、最系统、最有价值的旧石器时代早期的人类遗址。联合国教科文组织世界遗产委员会 1987 年 12 月批准周口店北京猿人遗址为世界文化遗产。

1929 年中国古生物学家裴文中在此发现原始人类牙齿、骨骼和一块完整的头盖骨。并找到了"北京人"生活、狩猎及使用火的遗迹，证实 50 万年以前北京地区已有人类活动。考古学家开始在这里发掘，发现了距今约 60 万年前的一个完整的猿人头盖骨，定名为北京猿人。以后陆续在龙

∧ "北京猿人" 雕塑

骨山上发现一些猿人使用的石器和用火遗址。这一发现和研究，奠定了这一遗址在全世界古人类学研究中特殊的不可替代的地位。北京猿人化石共出土头盖骨 6 具、头骨碎片 12 件、下颌骨 15 件、牙齿 157 枚及断裂的股骨、胫骨等，分属 40 多个男女老幼个体。发现 10 万件石器材料及用火的灰烬遗址和烧石、烧骨等。

北京人还是最早使用火的古人类，并能捕猎大型动物。北京人的寿命较短，据统计，68.2% 死于 14 岁前，超过 50 岁的不足 4.5%。在龙骨山顶部于 1930 年发掘出生活在 2 万年前后的古人类化石，并命名为"山顶洞人"。1973 年又发现介于二者年代之间的"新洞人"，表明北京人的延续和发展。根据对文化沉积物的研究，北京人生活在距今 70 万年至 20 万年之间。北京人属石器时代，加工石器的方法主要为锤击法，其次为砸击法，偶见砧击法。北京人还是最早使用火的古人类，并能捕猎大型动物。

七七事变后，周口店被日军占领，发掘人员被杀，办公室被捣毁，发掘工作终止。抗日战争时期，已发掘出的六个较完整的头盖骨存放于美国开办的北京协和医学院内，太平洋战争爆发前夕，中美双方计划将其转运美国，以防其落入日本手中。途中头盖骨失踪，至今下落不明。中华人民共和国建立之后，又对周口店遗址进行了发掘，发现了大量灰烬堆积层，证明北京人已会用火。1953年在周口店北京人遗址附近建成了周口店遗址博物馆，对公众开放。在龙骨山顶部于1930年发掘出生活于2万年前后的古人类化石，并命名为"山顶洞人"。1973年又发现介于二者年代之间的"新洞人"，表明北京人的延续和发展。

三、天坛

北京天坛地处原北京外城的东南部，故宫正南偏东的城墙，正阳门外东侧，始建于明朝永乐十八年（1420年），是中国古代明、清两朝历代皇帝祭天之地。这个建筑综合体是帝王祭天的场所，它创造了一个象征性的联系，来加强孔子的社会的等级制度。1961年，国务院公布天坛为"全国重点文物保护单位"。1998年被联合国教科文组织确认为"世界文化遗产"。2009年，北京天坛入选中国世界纪录协会中国现存最大的皇帝祭天建筑。

北京天坛占地272万平方米，整个面积比紫禁城（故宫）还大些，有两重垣墙，形成内外坛，主要建筑有祈年殿、皇穹宇、圜丘。圜丘建造在南北纵轴上。坛墙南方北圆，象征天圆地方。圜丘坛在南，祈谷坛在北，二坛同在一条南北轴线上，中间有墙相隔。圜丘坛内主要建筑有圜丘坛、皇穹宇等，祈谷坛内主要建筑有祈年殿、皇乾殿、祈年门等。祈年殿建于明永乐十八年（1420年），初名"大祀殿"，是一个矩形大殿。祈年殿高38.2米，直径24.2米，里面分别寓意四季、十二月、十二时辰以及周天星宿，是古代明堂式建筑仅存的一例，也是天坛的主要建筑。圜丘建于明嘉靖九年。每年冬至在台上举行"祭天大典"，俗称祭天台。回音壁是天坛的圆

＜天坛

形围墙。因墙体坚硬光滑，所以是声波的良好反射体，又因圆周曲率精确，声波可沿墙内面连续反射，向前传播。在明朝初年，天与地原是合并一起祭祀，南北的郊坛都一样，设祭的地方名叫大祀殿，是方形十一间的建筑物。

天坛被两重坛墙分隔成内坛和外坛，形似"回"字。外坛墙周长6553米，原本只在西墙上开辟祈谷坛门和圜丘坛门，1949年后又陆续新建了东门和北门，并把内坛南面的昭亨门改为南门。天坛的内坛墙周长4152米，辟有六门：祈谷坛有东、北、西三座天门，圜丘坛的南面有泰元、昭亨和广利门。主要建筑都集中在内坛，南有圜丘坛和皇穹宇，北有祈年殿和皇乾殿，两部分之间有隔墙相隔，并用一座长360米、宽28米、高2.5米的"丹陛桥"（砖砌甬道）连接圜丘坛和祈谷坛，构成了内坛的南北轴线。

明朝嘉靖九年（1530年）改为天地分祀，在天坛建圜丘坛，专用来祭天，另在北郊建方泽坛祭地，原来合祀天地的大祀殿，逐渐废而不用。嘉靖十九年（1540年），又将原大祀殿改为大享殿，圆形建筑从此开始。清廷入关后，一切仍按明朝旧制。乾隆时期，国力富强，天坛也大兴工程。乾隆十二年（1747年），皇帝决定将天坛内外墙垣重建，改土墙为城砖包砌，中部到顶部包砌两层城砖。内坛墙的墙顶宽度缩减为营造四尺八寸，不用檐柱，成为没有廊柱的悬檐走廊。经过改建的天坛内外坛墙，更加厚重，周延十余里，成为极壮丽的景观。天坛的主要建筑祈年殿、皇穹宇、圜丘坛等也均在此时改建，并一直留存至今。天坛的主要建筑均位于内坛，从南到北排列在一条直线上。全部宫殿、坛基都朝南成圆形，以象征天。整个布局和建筑结构，都具有独特的风格。祈年殿是皇帝祈祷五谷丰登的场所，是一座三重檐的圆形大殿，高 38 米，直径 32.72 米，蓝色琉璃瓦顶，全砖木结构，没有大梁长檩，全靠 28 根木柱和 36 根枋桷支撑，在建筑的造型上具有高度的艺术价值。

四、颐和园

中国现存规模最大、保存最完整的皇家园林，中国四大名园（另三座为承德避暑山庄、苏州拙政园、苏州留园）之一。位于北京市海淀区，距北京城区 15 公里，占地约 290 公顷。利用昆明湖、万寿山为基址，以杭州西湖风景为蓝本，汲取江南园林的某些设计手法和意境而建成的一座大

颐和园 >

　　　　　　　　　　　　　　　北京的旅游景观

型天然山水园，也是保存最完整的一座皇家行宫御苑，被誉为皇家园林博物馆。

1961年3月4日，颐和园被公布为第一批全国重点文物保护单位，1998年11月被列入《世界遗产名录》。

颐和园，原名清漪园，始建于清乾隆帝十五年（1750年），历时15年竣工，是为清代北京著名的"三山五园"（香山 静宜园、玉泉山 静明园、万寿山 清漪园、圆明园、畅春园）中最后建成的一座。咸丰十年（1860年）在第二次鸦片战争中英法联军火烧圆明园时同遭严重破坏，佛香阁、排云殿、石舫洋楼等建筑被焚毁，长廊被烧得只剩11间半，智慧海等耐火建筑内的珍宝佛像也被劫掠一空。光绪十二年（1886年）开始重建，光绪十四年（1888年）慈禧挪用海军军费（以海军军费的名义筹集经费）修复此园，改名为"颐和园"，其名为"颐养冲和"之义。关于挪用的海军军费，经专家考证，一共挪用了7年，每年30万两，占全部修复费用的三分之一以上。光绪二十一年（1895年）工程结束。

颐和园尽管大体上全面恢复了清漪园的景观，但很多质量上有所下降。许多高层建筑由于经费的关系被迫减矮，尺度也有所缩小。如文昌阁城楼从三层减为两层，乐寿堂从重檐改为单檐，不过也有加高的建筑，如大戏楼。苏州街被焚毁后再也没有恢复。由于慈禧偏爱苏式彩画，许多房屋亭廊的彩画也由和玺彩画变为苏式彩画，在细节上改变了清漪园的原貌。颐和园成为晚清最高统治者在紫禁城之外最重要的政治和外交活动中心，是中国近代历史的重要见证与诸多重大历史事件的发生地。1898年，光绪帝曾在颐和园仁寿殿接见维新思想家康有为，询问变法事宜；戊戌变法失败后，光绪被长期幽禁在园中的玉澜堂；颐和园被后人称为最豪华的监狱。光绪二十六年（1900年），颐和园又遭八国联军洗劫，翌年，慈禧从西安回到北京后，再次动用巨款修复此园。1924年，颐和园辟为对外开放公园。

颐和园景区规模宏大，占地面积2.97平方公里（293公顷），主要由万寿山和昆明湖两部分组成，其中水面占四分之三（大约220公顷）。园

∧颐和园佛香阁

内建筑以佛香阁为中心，园中有景点建筑物百余座、大小院落 20 余处，3555 古建筑，面积 70000 多平方米，共有亭、台、楼、阁、廊、榭等不同形式的建筑 3000 多间。古树名木 1600 余株。其中佛香阁、长廊、石舫、苏州街、十七孔桥、谐趣园、大戏台等都已成为家喻户晓的代表性建筑。颐和园集传统造园艺术之大成，万寿山、昆明湖构成其基本框架，借景周围的山水环境，饱含中国皇家园林的恢弘富丽气势，又充满自然之趣，高度体现了"虽由人作，宛自天开"的造园准则。颐和园亭台、长廊、殿堂、庙宇和小桥等人工景观与自然山峦和开阔的湖面相互和谐、艺术地融为一体，整个园林艺术构思巧妙，是集中国园林建筑艺术之大成的杰作，在中外园林艺术史上地位显著，有声有色。

五、明十三陵

　　明十三陵是中国明朝皇帝的墓葬群，坐落在北京西北郊昌平区境内的燕山山麓的天寿山。这里自永乐七年（1409）五月始作长陵，到明朝最后一帝崇祯葬入思陵止，其间230多年，先后修建了13座皇帝陵墓、7座妃子墓、1座太监墓。共埋葬了13位皇帝、23位皇后、2位太子、30余名妃嫔、1位太监。明十三陵坐落于天寿山麓。总面积120余平方公里。距离北京约50公里。十三陵地处东、西、北三面环山的小盆地之中，陵区周围群山环抱，中部为平原，陵前有小河曲折蜿蜒，山明水秀，景色宜人。十三座皇陵均依山而筑，分别建在东、西、北三面的山麓上，形成了体系完整、规模宏大、气势磅礴的陵寝建筑群。明代术士认为，这里是"风水"胜境，绝佳"吉壤"。因此被明朝选为营建皇陵的"万年寿域"。该陵园建于1409—1645年，距今已有300—600多年历史。陵区占地面积达40平方公里，是中国乃至世界现存规模最大、帝后陵寝最多的一处皇陵建筑群。明代时，于途中的沙河镇北，建有七孔石造"朝宗桥"。在镇东，则筑有壮丽的"巩华城"。该城原为嘉靖皇帝祭陵时中途休息的行宫，现仅存遗址。明十三

＜明十三陵

我爱北京

陵是明朝迁都北京后 13 位皇帝陵墓的皇家陵寝的总称，依次建有长陵（成祖）、献陵（仁宗）、景陵（宣宗）、裕陵（英宗）、茂陵（宪宗）、泰陵（孝宗）、康陵（武宗）、永陵（世宗）、昭陵（穆宗）、定陵（神宗）、庆陵（光宗）、德陵（熹宗）、思陵（思宗），故称十三陵。景区已开放景点有长陵、定陵、昭陵、神路。

明十三陵是中国历代帝王陵寝建筑中保存得比较好的一处。中华人民共和国成立后，政府为了保护这一文物古迹，从解放初期就开始进行维修，并将十三陵作为全国重点文物加以保护。1957 年，北京市政府公布十三陵为北京市第一批重点古建文物保护单位。1961 年，十三陵被公布为全国重点文物保护单位。1982 年，国务院公布八达岭—十三陵风景区为全国 44 个重点风景名胜保护区之一。1991 年，十三陵被国家旅游局确定为"中国旅游胜地四十佳"之一。1992 年，十三陵被北京旅游世界之最评选委员会评为"是世界上保存完整埋葬皇帝最多的墓葬群。"

第二节 北京的国家级风景区

一、八达岭

八达岭位于北京西北 60 公里处，是峰峦叠嶂的军都山中的一个山口。是中国古代伟大的防御工程万里长城的重要组成部分。

八达岭景区以其宏伟的景观、完善的设施和深厚的文化历史内涵而著

<八达岭长城

称于世。八达岭长城是明长城中保存最好的一段，也是最具代表性的一段，是长城重要关口居庸关的前哨，海拔高达 1015 米，地势险要，城关坚固。八达岭长城史称天下九塞之一，是万里长城的精华和杰出代表。八达岭长城是万里长城向游人开放最早的地段。

　　八达岭景区除了长城外，还有长城碑林、五郎像、石佛寺石像、金鱼池、岔道梁、戚继光景园、袁崇焕景园、长城碑林景园、岔道古城等景点。现在，八达岭初步形成以长城开放地段和中国长城博物馆、长城全周影院为主体，三个免费景园为辅助，残长城、岔道古城两个附属景区为补充的层次感较强的游览体系。

　　八达岭地理环境优越，自古以来就是通往山西、内蒙、张家口的交通要道。八达岭的年平均气温比北京低 3 ℃以上，成为"夏都"延庆的旅游龙头。1961 年就被国务院发布为全国重点文物保护单位。1988 年，八达

我爱北京

岭万里长城被联合国列为世界人类文化遗产。1991年，在全国名胜四十佳评选中，八达岭名列榜首。

八达岭是历史上许多重大事件的见证。第一位帝王秦始皇东临碣石之后，从八达岭取道大同，再驾返咸阳，而萧太后巡幸、元太祖入关、元代皇帝每年两次往返北京和上都之间、明朝帝王北伐、清代天子亲征……八达岭都是必经之地。至于历代皇亲贵族、文人墨客吟诵八达岭的诗文更是数不胜数，最早留下诗章的是唐代诗人高适，他诗中写到"绝坡水连下，群山云共高"。至于在那些民族纷争、金戈铁马的岁月，八达岭上更是上演过一幕幕恢宏的史剧。

而今，旧中国的苦难，两千年的历史诸侯争霸，朝代更迭的往事，都已经成为遥远的过去。长城十万里，文化五千年，时代赋予了八达岭长城以新的使命。它像一座宝贵的历史丰碑，矗立在万山之巅，闪烁着中华民族文明和智慧的光彩，也表现出中华民族坚韧不屈、百折不挠的伟大品质和精神。它成为联系我国各族人民、海外侨胞、国际友人的友谊纽带。它是人类珍贵的文化遗产。

二、石花洞

石花洞又叫潜真洞，位于北京房山区南车营村，距北京城区五十公里，距房山十五公里，因洞体深奥神秘又称潜真洞；又因洞内生有绚丽多姿奇妙异常的各种各样石花又叫石花洞。洞内钟乳石千姿百态，美不胜收，为北国极为罕见的地下溶洞奇观。经中外洞穴专家考查，认为石花洞内的岩溶沉积物数量为中国之最，其美学价值和科研价值也可居世界洞穴前列，与闻名中外的桂林芦笛岩、福建玉华洞、杭州瑶琳洞并称我国四大岩溶洞穴。是国家级风景名胜区、房山世界地质公园的溶洞群观光区、国家地质公园、国家AAAA级旅游景区，地学知识科普教育基地。2005年9月18

∧石花洞

日，获得"中国最佳溶洞奇观"称号。

石花洞洞体分为上下七层，目前仅对外开放一至四层，全长 2500 米。现在一、二、三、四层已全部对外开放。洞内的自然景观玲珑剔透、华彩多姿、类型繁多，有滴水、流水等，地质奇观不胜枚举．四层洞壁被钟乳石类封闭，五层厅堂高大、洞壁松软，并且空气新鲜，七层则是一条地下暗河。石花洞内的自然景观玲珑剔透、花彩多姿、类型繁多、有滴水、流水和停滞水沉积而成的高大洁白的石笋、石竹、石钟乳、石幔、石瀑布、边槽、石坝、石梯田等和渗透水、飞溅水、毛细水沉积形成的众多石花，石枝、卷曲石、晶花、石毛、石菊、石珍珠、石葡萄等。还有许多自然形成的造型，如海龟护宝等。并有晶莹的鹅管、珍珠宝塔、采光壁等，众多的五彩石旗和美丽的石盾为中国洞穴沉积物的典型，大量月奶石莲花在我国洞穴中首次发

我爱北京

现。石花洞现已形成 20 大景区、150 多个主要景观，各个景区遥相呼应，互为映衬。"龙宫竖琴"堪称国内洞穴第一幔；"银旗幔卷"、"洞天三柱"等十二大洞穴奇观无不令人赞叹叫绝。石花洞的洞口开设了"世界洞穴奇观展"，共展出世界著名洞穴景观照片上百幅；在洞外还有"野生动物展"、"奇石展"等。岩溶洞穴资源以独特的典型性、多样性、自然性、完整性和稀有性享誉国内外。丰富的地质资源，显示了石花洞在地质科学研究、地质科普教学和旅游观赏中的价值。石花洞中洞穴沉积物记录了地球的演化历程和沉积环境的变化，是一处研究古地质环境变化的重要信息库。石花洞石笋见证北京 2650 年夏季气候变迁。国际地质科学联合会国际行星地球年项目负责人汉克.沙克尔考察后评价道："参观中国第一地质公园石花洞其乐无穷，石花洞是人们进行地学教育的良好范例"

第三节　北京房山世界地质公园

北京房山世界地质公园，位于北京市西南约 40 公里，地跨北京市房山区和河北省保定市涞水县、涞源县。公园总面积 953.95 平方公里，划分为八个园区：周口店"北京人遗址"园区、石花洞园区、十渡园区、百花山－白草畔园区、云居寺－上方山园区和圣莲山园区属地为房山区；野三坡园区和白石山园区属地为保定市的涞水县与涞源县。

北京房山世界地质公园拥有丰富的地质遗迹资源，它展现了中国华北地区数十亿年以来地球演化发展的历史画卷，记录了自太古代－元古代－古生代－中生代－新生代各个地质年代的动荡变迁，是一座浩瀚的天然地质博物馆。1929 年"北京人"的发现，震惊了世界，使"周口店"成为国

∧ 北京房山世界地质公园野三坡园区

内外研究古人类活动的著名发祥地；还有反映陆内造山运动的地质遗迹分布广泛、特征明显，成为中国东部地区中生代造山运动——燕山运动的命名地。正是这些宝贵的地质遗迹资源，使之成为一百多年来中国地质工作开展最早的地区，也是众多著名中国地质工作学者的摇篮。

公园内十分发育的碳酸盐岩地表岩溶地貌和多种化学沉积类型的溶洞洞穴景观，是北方地区半干旱半湿润温带型喀斯特景观的典型代表，具有美妙绝伦的观赏性。区内单面山、墙状山、塔状山，叠峰屏立、挺拔险峻、山体陡峭、棱角分明，浩浩一派北方岩溶地貌景象；以负地形岩溶地貌出现的嶂谷在园区绵延百里、蜿蜒曲折、绝壁千仞，其"雄、险、奇、幽"的景色令人惊叹忘返；白石山大理岩与花岗岩"双层结构式"地貌是一处独特的构造—冲蚀岩溶地貌景观。石花洞溶洞群及溶洞内多种类型化学沉积形态是中国北方地区特有地质条件造就的地下岩溶艺术殿堂，其观赏和科学价值具有同等重要性。

在悠久的历史岁月中，公园积淀了深厚的文化遗产，留下了古建筑、石窟石刻、古遗址、古墓葬等多处文化景观资源。以石刻佛经闻名世界的

白石山长城 >

云居寺拥有1300多年历史，是我国一所重要的佛教寺院；崖壁之上多个朝代的摩崖石刻，是人类历史文化长河的见证；还有以坐落在房山良乡的辽代建筑昊天塔为代表的古塔是历代塔建艺术的荟萃之地，有着重要的观赏与研究价值；白石山长城是明代长城中保存较好的地段，保持了长城的原始面孔，是中华民族的重要遗产。

第四节　北京的庙宇

北京的宗教寺庙遍布京城，现存著名的有：佛教的法源寺、潭柘寺、戒台寺、云居寺等；道教的白云观等；伊斯兰教的北京牛街礼拜寺等；藏传佛教（喇嘛教）的雍和宫等；天主教西什库天主堂、王府井天主堂等；基督教的缸瓦市教堂、崇文门教堂等。

一、法源寺

　　法源寺位于北京宣武门外教子胡同南端东侧，建于唐太宗贞观十九年（645 年），是北京最古老的名刹。唐时为悯忠寺，清雍正时重修并改为今名，1956 年在寺内成立中国佛学院，1980 年又于寺内建立中国佛教图书文物馆，是中国佛教协会所属的宗教类博物馆。1983 年被国务院确定汉族地区佛教中国重点寺院。2001 年 6 月 25 日，法源寺作为清代古建筑，被国务院批准为第五批全国重点文物保护单位。

　　法源寺坐北朝南，形制严整宏伟，六院七进。主要建筑有天王殿，内供弥勒菩萨化身—布袋和尚，两侧为四大天王。大雄宝殿上有乾隆御书"法海真源"匾额，内供释迦牟尼佛及文殊、普贤，两侧分列十八罗汉。 观音阁，又称悯忠阁，陈列法源寺历史文物。净业堂内供明代五方佛。大悲坛，现辟为历代佛经版本展室，陈列唐以来各代藏经及多种文字经卷，蔚为大观。藏经楼，现为历代佛造像展室，陈列自东汉至明清历代佛造像精品数十尊，各具神韵，尤其是明代木雕佛涅盘像，长约 10 米，是北京最大卧佛。寺

<北京法源寺

内花木繁多，初以海棠闻名，今以丁香著称，至今全寺丁香成林，花开时节，香飘数里，为京城艳丽胜景。

二、潭柘寺

潭柘寺始建于西晋永嘉元年（307年），寺院初名"嘉福寺"，清代康熙皇帝赐名为"岫云寺"，但因寺后有龙潭，山上有柘树，故民间一直称为"潭柘寺"。素有"先有潭柘寺，后有北京城"的民谚。

潭柘寺规模宏大，寺内占地2.5公顷，寺外占地11.2公顷，再加上周围由潭柘寺所管辖的森林和山场，总面积达121公顷以上。殿堂随山势高低而建，错落有致。北京城的故宫有房9999间半，潭柘寺在鼎盛时期的清代有房999间半，俨然故宫的缩影，据说明朝初期修建紫禁城时，就是仿照潭柘寺而建成的。现潭柘寺共有房舍943间，其中古建殿堂638间，建筑保持着明清时期的风貌，是北京郊区最大的一处寺庙古建筑群。

潭柘寺整个建筑群充分体现了中国古建筑的美学原则，以一条中轴线

北京潭柘寺 >

北京的旅游景观

纵贯当中，左右两侧基本对称，使整个建筑群显得规矩、严整、主次分明、层次清晰。其建筑形式有殿、堂、阁、斋、轩、亭、楼、坛等，多种多样。寺外有上下塔院、东西观音洞、安乐延寿堂、龙潭等众多的建筑和景点，宛如众星捧月，散布其间，组成了一个方圆数里、景点众多、样式多样、情趣各异的旅游名胜景区。

　　潭柘寺不但人文景观丰富，而且自然景观也十分优美，春夏秋冬各有美景，晨午晚夜情趣各异，早在清代，"潭柘十景"就已经名扬京华。如今的潭柘寺，殿宇巍峨、庭院清幽，殿、堂、坛、室各具特色，楼、阁、亭、斋景色超凡，古树名木、鲜花翠竹遍布寺中，假山叠翠、曲水流觞相映成趣，红墙碧瓦、飞檐翘角掩映在青松翠柏之中，殿堂整齐、庄严宏伟。已故中国佛教协会会长赵朴初先生曾写联赞曰："气摄太行半，地辟幽州先。"潭柘寺不仅以古迹众多、风景优美吸引着四海宾朋、八方游客，而且近几

< 潭柘寺的松

我爱北京

144

年还修建了现代化的旅游服务设施，实行交通、住宿、餐饮、游览、娱乐、购物的一条龙服务，使景区成为享誉中外的旅游胜地。1997年，经北京市政府批准，僧团进驻，潭柘寺恢复了宗教活动。

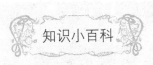

知识小百科

潭柘寺的宝锅

天王殿前有一口铜锅，直径1.85米、深1.1米，是和尚们炒菜所用。此锅原在东跨院北房西次间，那里还有一口更大的锅，直径4米、深2米，一次煮粥能放米10石，需16个小时才能煮熟。由于锅大底厚，文火慢熬，故而熬的粥既粘且香。关于这两口锅，还有"泼砂不漏米"之说，原来，锅底有"容砂器"，随着熬粥时的不断搅动，砂石会沉入锅底的凹陷处。

三、戒台寺

戒台寺位于北京市门头沟区的马鞍山上，始建于唐武德五年（622年），原名"慧聚寺"。辽代高僧法均在此建戒坛，四方僧众多来受戒，故又名戒坛寺，寺内因拥有全国最大的佛寺戒坛而久负盛名。寺院坐西朝东，中轴线上依次排列山门殿、钟鼓二楼、天王殿、大雄宝殿、千佛阁（遗址）、观音殿和戒台殿。其中戒台是中心建筑。殿宇依山而筑，层层高升，甚为壮观。西北院有中国最大的戒坛，其与泉州开元寺、杭州昭庆寺戒坛并称中国三大戒坛。

戒台寺尤以松树出名，"潭柘以泉胜，戒台以松名，一树具一态，巧与造物争"，活动松、自在松、九龙松、抱塔松和卧龙松，合称戒台五松。

北京的旅游景观

∧ 戒台寺全景

每当微风徐来，松涛阵阵，形成了戒台寺特有的"戒台松涛"景观。

寺院建筑格局独特，主要寺院殿堂坐西朝东，中轴线直指距离 70 公里的北京城，建筑样式基本是辽代风格。从千佛阁遗址往北拐，首先看到一个两进的四合院，院内幽雅清静，自清代以来，这里以种植丁香、牡丹闻名，尤其黑牡丹等稀有品种，更是锦上添花，故称牡丹院。清恭亲王奕欣曾在这里隐居 10 年。牡丹院的建筑风格别具特色，它将北京传统的四合院形式与江南园林艺术巧妙融合。寺内的戒坛，其规模是在辽咸雍年间形成的，人们称其为"天下第一坛"，是中国佛教史上最高等级的受戒之所，虽历尽沧桑，仍保存完好。

戒台寺是全国重点文物保护单位，它是我国北方目前保存辽代文物最多、最完整的寺院。最特别的其是保留了佛塔，经幢、戒坛等辽代佛教中十分罕见的珍品。戒坛设于西北院，为高 3.5 米的汉白玉方台，雕刻精美。

我爱北京

∧戒台寺的佛塔

环坛雕刻 113 尊一尺多高的戒神，坛上供奉释伽牟尼坐像。像前有十把雕花木椅，即和尚受戒时"三师七证"的座位。该戒坛为明代遗物，与杭州昭庆寺、泉州开元寺戒坛并称中国三大戒坛，戒台寺居首，被誉为"天下第一戒坛"。

戒台大殿是戒台寺的标志，也是寺内最为主要的建筑。大殿正门上方高悬漆金大匾，上书"选佛场"三个大字，为袁世凯手书。殿内的天花板为金漆彩绘，殿顶正中部分是一个"斗八藻井"。藻井内纵深分为上圆下方两个部分。井口内壁雕有许多小天阁，每阁内都雕有佛龛，龛内则供有金装小佛，宝相庄严。门内横舫上则挂有清代乾隆皇帝手书的"树精进幢"金字横匾，内侧挂有康熙亲笔的"清戒"二字匾额。可见数朝对戒台寺感情之深，着力之重。不仅如此，戒台殿内的 113 尊戒神也是不可多得的奇景，那 133 尊泥塑金身，神形各异，有的威武雄壮，有的面目狰狞，有的顶盔贯甲，有的仙风道骨，却一个个栩栩如生，生动传神。这是迄今为止，北京地区绝无仅有的一组戒神塑像，难得的艺术珍品。

四、云居寺

云居寺坐落在北京西南郊，北京云居寺七十多公里处的白带山（又称石经山）西南麓，以埋藏有中国文化遗产中的稀世瑰宝、石刻佛教大藏经——《房山石经》著称于世。占地面积 70000 多平方米。由云居寺、石经山藏经洞、唐辽塔群构成我国佛教文化特色一大宝库。1961 年 3 月 4 日被国务院首批公布为全国重点文物保护单位。1992 年，作为世界上保存石刻经版最多的寺庙入选"北京旅游世界之最"，入选世界纪录协会世界上保存石刻经版最多的寺庙候选世界纪录。同年云居寺塔及石经列为世界文化遗产预备清单。1997 年以来连续四年被评为"北京市文明旅游景区"，

∧北京云居寺

我爱北京

同年被命名为"北京市爱国主义教育基地"。1999 年荣获"京郊环境建设示范景区"和"北京花园式单位"荣誉称号，2001 年荣列国家 AAAA 级旅游景区，同年通过 ISO9001 质量管理体系和 ISO14001 环境管理体系双认证。2004 年 11 月 15 日被北京市人民政府批准为市级风景名胜区。

云居寺是佛教经籍荟萃之地，寺内珍藏着石经、纸经、木版经号称"三绝"。"石刻佛教大藏经"始刻于隋大业年间（605 年），僧人静琬等为维护正法刻经于石。刻经事业历经隋、唐、辽、金、元、明、六个朝代，绵延1039 年，镌刻佛经 1122 部、3572 卷、14278 块。像这样大规模刊刻，历史这样长久，确是世界文化史上罕见的壮举，堪与文明寰宇的万里长城、京杭大运河相媲美，是世上稀有而珍贵的文化遗产。纸经现藏 22000 多卷，为明代刻印本和手抄本，包括明南藏、明北藏和单刻佛经等。而其中的《大方广佛华严经》为妙莲寺比丘祖慧刺破舌尖血写成，被誉为"舌血真经"，尤为珍贵。《龙藏》木经始刻于清朝雍正十一年(1733 年)至乾隆三年(1738 年)，现存 77000 多块，内容极为丰富，是集佛教传入中国 2000 年来译著之大成。堪称我国木板经书之最。世界上现存两部汉文大藏经，一部为云居寺现存的《龙藏》，另一部是韩国海印寺的《高丽藏》。云居寺被誉为"北京的敦煌"、"世界之最"。

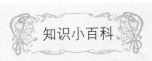
知识小百科

房山石经

房山云居寺石刻佛教大藏经（略称房山石经），是我国从隋代至明末绵历千年不断雕制的石刻宝库。它是研究我国古代文化、艺术，特别是佛教历史和典籍的重要文物，也是世界文化遗产的珍贵宝藏。

明清以来，房山石经引起学者的广泛关注。明代周忱，清代查礼、石景芬、叶昌炽等的游记和著述中，都曾介绍了它的价值。但仅从碑刻书法着眼，很少从佛教角度研究。

北京的旅游景观

1956 年起，中国佛教协会开始进行全面整理与拓印。这些经碑，对校勘木刻经本的错讹，是可贵的实物依据。有些刻经题记还保存有唐代幽州、涿州地区的行会名称和政治、社会、经济情况，对研究当时华北社会状况有参考价值，同时也是研究古代金石、书法艺术发展的重要资料。

< 房山石经

< 北塔

我爱北京

北塔是辽代砖砌舍利塔，又称"罗汉塔"，始建于辽代天庆年间（1111—1120年），高30多米，塔身集楼阁式、覆钵式和金刚宝座三种形式为一体，造型极为特殊。塔的下部为八角形须弥座，上面建楼阁式砖塔两层，再上置覆钵和"十三天"塔刹。这种造型的辽塔，十分少见。四座唐塔都有明确的纪年，塔的平面呈正方形，七层，分单檐和密檐式两种，而造型大致相同。塔身上雕刻着各种佛像，其中唐开元十五年（727年）所建的石塔，内壁雕刻有一个供养人，此人深目高鼻，推断应为外国人形象，这与当时唐代与中西亚交流广泛、大量任用外族为官有直接关系。雕刻的服饰十分华丽，线条细腻流畅，反映了盛唐中外文化交流的繁盛景象。

五、白云观

道教全真第一丛林——北京白云观位于北京西便门外，是道教全真三大祖庭之一。新中国成立后，中国道教协会、中国道教学院和中国道教文化研究所等全国性道教组织、院校和研究机构先后设在这里。白云观也是

白云观>

"文革"中北京很少没被破坏的寺庙之一。元初，邱处机（号长春子）自西域大雪山觐见成吉思汗，东归燕京，赐居于太极宫。当时宫观一片凄凉，遍地瓦砾，长春真人遂命弟子王志谨主领兴建，历时三年，殿宇楼台又焕然一新。元太祖二十二年（1227年）五月，成吉思汗敕改太极宫为"长春观"。七月，邱处机仙逝于长春观。次年，长春真人高徒尹志平在长春观东侧下院建处顺堂藏邱祖仙蜕。元末，连年争战，长春观原有殿宇日渐衰圮。明初，以处顺堂为中心重建宫观，并易名为白云观。清初，在王常月方丈主持下对白云观又进行了一次大规模的重修，基本奠定了今日白云观之规模。白云观的建筑分中、东、西三路及后院，规模宏大，布局紧凑。

第五节 北京名人故居

一、曹雪芹纪念馆

曹雪芹纪念馆在海淀区四季青乡正白旗村。是我国清代伟大的现实主义作家曹雪芹晚年居住的地方。

曹雪芹生于南京，后随其父曹寅几经搬迁，于乾隆九年左右（1744年）回归香山正白旗祖居。曹雪芹在这里过着清贫的生活，并遭中年丧妻、晚年夭子之痛。花费10年功夫写成《红楼梦》80回，于乾隆二十八年除夕（1764年）逝世。1971年4月4日，正白旗39号房主在西屋的西壁外墙皮内发现题壁诗文墨迹，一些红学家认为与曹雪芹有关，是为曹雪芹故居。1983

曹雪芹故居＞

年4月22日，中国曹雪芹研究会在此建立曹雪芹纪念馆。纪念馆位于香山地区，坐北朝南，东邻金山，北邻卧佛寺，西望香炉峰，南与北京植物园相邻，风景秀丽，环境幽雅。

二、鲁迅故居

鲁迅，上世纪初中国新文化运动的先驱。鲁迅故居位于西城区阜成门内大街宫门口二条19号，是鲁迅先生1923年底购买，1924年春天亲自设计改建的一座四合院，1924年5月至1926年8月鲁迅先生在此居住，是鲁迅在北京生活的最后一处住所，

1919年，鲁迅的母亲和弟弟等家人来到北京，鲁迅只好告别租住七年的绍兴会馆，在东城八道湾购置一座小院，与家人同住。在八道湾的三年内，鲁迅扛起五四新文学运动的大旗，《阿Q正传》、《故乡》等如同一把把匕首和投枪，投向封建残余势力。就在他文学创作走向辉煌的同时，他与同住的弟弟周作人夫妇却矛盾日趋尖锐，被迫搬出，先是在砖塔胡同

<鲁迅故居

的一座大杂院内暂住一段时间，最终迁到了阜成门城墙边的一座小院内。当时这一带居住的都是人力车夫和打短工的贫苦百姓，道路泥泞、夜晚漆黑。鲁迅借钱买下的房子也是破旧不堪，他不得已又自己设计、监工、重新翻盖，并请花匠在院内种上了丁香、黄刺梅。已45岁的鲁迅终于有了一个属于自己的、温馨的家。

在这座小院内有一间从正房接出来的8平方米大的斗室，就是鲁迅当年的卧室兼工作室。当时一些反动文人诬蔑鲁迅为"学匪"，鲁迅便把这间房戏称为"绿林书屋"。《野草》、《彷徨》、《华盖集》、《纪念刘和珍君》……一部部为无数热血青年指明了前途、点燃了希望的巨著，就是在屋中的那盏小煤油灯下完成的。艰苦的环境不但阻碍不了他那伟大的灵魂发出耀眼的光芒，而且使他的思想有了更深厚的土壤

三、宋庆龄故居

宋庆龄，伟大的爱国主义、民主主义、国际主义和共产主义战士，举世闻名的20世纪的伟大女性。

　　宋庆龄故居位于西城区后海北沿 46 号。始建于清朝康熙年间，为大学士明珠的府邸花园，乾隆年间为和珅别院，嘉庆年间为成亲王永瑆王府花园，后为光绪父亲醇亲王奕譞府邸花园，清末又为末代皇帝溥仪的父亲醇亲王载沣的王府花园，即摄政王府花园。新中国成立前夕，这里已经荒芜凋敝。后周恩来总理受党和政府委托，筹建宋庆龄同志在北京的住宅，于 1961 年将这座王府花园整饬，并在原有建筑以西接建了一座两层小楼，筑成了一座优雅安适的庭院。1963 年至 1981 年，宋庆龄在此生活工作了 18 年，直至逝世，1982 年这处院落被国家命名为"中华人民共和国名誉主席宋庆龄同志故居"。

　　这里既保留着王府花园的布局和风格，又融入西方别墅的特点，是一处中西合璧的园林。园内有上百年的西府海棠、两百年的老石榴桩景和五百年的凤凰国槐等古树名木。明珠之子清代第一词人纳兰性德曾在此吟诗填词，园中现留有其亲自种植的两棵古树。有宋庆龄养护过的西山松、盆栽石榴和龙眼葡萄等各种南北方名花佳卉，宋庆龄最喜爱的观赏鸽更给庭园增添了和平的气氛。每到四月份海棠花开的季节，赏花游客络绎不绝。馆内长期设有"宋庆龄生平展"和"宋庆龄生活原状陈列"，展示宋庆龄生活、工作的环境，现有文物两万余件，主要有宋庆龄的手迹、照片等文献资料以及个人藏品。每年的 1 月 27 日宋庆龄诞辰纪念日、5 月 29 日宋庆龄逝世纪念日，都组织相应的主题纪念活动

四、梅兰芳纪念馆

梅兰芳，中国戏曲艺术大师，杰出的京剧表演艺术家。

梅兰芳纪念馆于 1986 年 10 月建立，坐落在北京西城护国寺街 9 号，是一座典型的北京四合院，占地 1000 余平方米。朱漆大门上悬挂着邓小平亲笔题写的匾额"梅兰芳纪念馆"。一进大门，迎面是青砖灰瓦的大影壁，影壁前安放着梅兰芳先生的汉白玉半身塑像。院内种有两棵柿子树，两棵海棠树，寓有"事事平安"之意。梅兰芳先生 1961 年逝世前，曾在这幽静、安适的小庭院内，度过了他生活的最后十年。

纪念馆成立后，收藏有梅兰芳夫人福芝芳及子女在 1962 年捐献给国家的大量珍贵文物、文献资料。梅兰芳纪念馆现有两部分，正院保存故居原貌、会客厅、书房、卧室和起居室内的各项陈设均按梅兰芳生前生活起居原状陈列。外院展览室，以大量珍贵图片扼要地介绍梅兰芳一生的艺术生活和社会活动。另两间展室用作专题展览，不定期更换内容。

梅兰芳一生热爱祖国，热爱人民，把全部精力献给了京剧艺术事业。在半个多世纪的舞台实践中，他继承传统、勇于革新、一丝不苟、精益求精，将我国戏曲艺术的精华集于一身，创造了众多优美而令人难忘的艺术形象，积累了大量优秀剧目，发展并提高了京剧旦角的演唱和表演艺术，形成了

我爱北京

∧ 梅兰芳故居

具有独特风格、大家风范的艺术流派 —— 梅派。他对现代中国戏曲艺术的发展起了承前启后的作用。因此，他在国内外一致被誉为伟大的演员和美的化身。

梅兰芳先生是中国表演艺术的象征，是我国人民的骄傲。

五、齐白石故居

齐白石（1863—1957），湖南省湘潭县人，中国画大师，1963 年被列为世界文化名人。

齐白石故居在西城区辟才胡同内跨车胡同 13 号。故居西朝东，面积 204 平方米，是一座三合院带跨院的住宅。齐白石自 50 岁后直至逝世前寓

 齐白石故居

此。3 间北房是当年的"白石画屋",因屋前安有铁栅栏,又称"铁栅屋。"。
老人自写:"予五十岁后,因避乡乱来京华,心胆尚寒,于城西买一屋卖画,
屋绕铁栅。如是年九十矣,尚自食其力,幸画为天下人称之。"北房檐下
悬挂有齐白石撰刻的长 3.3 米、高 0.84 米的篆体"白石画屋"横匾。大
字尚依稀可见。故居现为北京市重点保护文物。

六、茅盾故居

茅盾,中国现代进步文化的先驱,历任中央文化部部长、全国政协副
主席,并长期担任中国文联副主席、中国作家协会主席。

茅盾故居位于东城区交道口南大街后圆恩寺胡同,是茅盾 1974 至
1981 年初逝世以前居住的地方。故居坐北朝南,分前后两进院落,共有

茅盾故居>

大小房间 22 间。故居内的书房、卧室、会客厅等处陈设严格按照茅盾先生生前的原貌布置。前院西厢房是会客厅,室内的沙发、案头的花瓶、壁上的对联都是旧有之物。北房的陈列介绍了茅盾先生及其文学创作的道路。东厢房以图片和实物展示了茅盾先生在新中国成立后为祖国文化建设和世界和平所做不懈努力。展品中包括委任状、代表证、创作原稿、记录手札以及他使用过的钢笔、录音机、印章等。后院是茅盾先生的书房和卧室,这里四壁皆书,经史子集、中外名著无所不有,多年的藏书连同他自己的著作,已集中建成"茅盾文库"。

七、郭沫若故居

郭沫若,中国 20 世纪学术文化史上一位兼文学家、历史学家、古文

∧ 郭沫若故居

字学家、书法家、社会活动家于一身的杰出人物。中华人民共和国成立后，历任政务院副总理、中国科学院院长、中国文联主席、全国人大常委会副委员长、中国人民政治协商会议副主席等众多要职。郭沫若一生著作等身，现有《郭沫若全集》行世。

郭沫若纪念馆所在地原为中医世家乐氏达仁堂私宅，始建于民国初年，建筑风格为庭院式四合院。1950—1963 年这里先后曾是蒙古驻华大使馆和宋庆龄寓所。1963 年 11 月郭沫若由西四大院 5 号迁入，至 1978 年病故，在这里度过了他的晚年。如今，园中郭沫若夫妇生前种植的花木茂密葱茏，草坪上的郭沫若全身铜像由中国社会科学院和全国城市规划组共同建立。垂花门内郭沫若的办公室、卧室、客厅和夫人于立群的写字间依然如故，保持着主人在世时的景象。东西厢房和后排两侧的房间辟为陈列室，由"郭沫若的文学世界"、"郭沫若与中国史学"和"郭沫若的人生历程"三部分组成，介绍这位 20 世纪中国文化名人的理想追求、治学之路和他的情感世界。

八、老舍故居

老舍，（1899—1966），现代小说家、戏剧家，先后任中国文联副主席、中国作家协会副主席、北京市文联主席等职。一生作品集多，在人民群众中有着广泛的影响，被授予"人民艺术家"的称号。

老舍故居位于东城区灯市口西街丰富胡同，是 1950 年初老舍由美国归国后购置，并在此居所生活了 16 年的故居。在这里他写了《龙须沟》、《茶

∧ 老舍故居内景

　　　　　　　　　　　　　　　　　北京的旅游景观

馆》、《正红旗下》等 24 部戏剧和两部长篇小说，约 400 万字。1999 年 2 月 1 日正值老舍先生诞辰 100 周年时老舍纪念馆建成并对外开放。

老舍纪念馆是典型的北京四合院建筑格局，占地面积 400 平方米。内容丰富多彩的《老舍的生活与创作》展览，形成老舍纪念馆自有的显著特色。老舍纪念馆的大门坐西朝东，一进大门有一座灰色砖影壁和两间南房；进二门，迎面是一座北京现在已少见的五彩小木影壁。转过影壁，便到了纪念馆的主要部分。院中正房三间，明间和西次间为客厅，东次间是老舍夫人胡絜青的卧室兼画室。西耳房是老舍先生的卧室兼书房，现已按原貌对观众开放。院中的西房和东房现为第一、二展厅，主要通过大量珍贵的手稿、图书、照片及生前遗物，展示老舍一生的生活与创作历程。

我爱北京

第六章

北京的城市名片

　　饱经 500 余年风雨沧桑的天安门广场是当今世界上最大的城市广场。1949 年 10 月 1 日，中华人民共和国在这里举行了开国大典，它由此成为新中国的象征。天安门是中国各族人民向往的地方，它记录了中华民族不惧流血和牺牲，争取独立自由的勇气和坚强，写下了新中国诞生的光辉一页和中华民族走向强盛的壮丽诗篇。

∧八达岭长城

第一节　北京的标志性建筑

一、天安门广场

天安门城楼坐落在广场的北端，建于明永乐十五年（1417年），原名承天门，清顺治八年（1651年）改建后称天安门。城门五阙，重楼九楹，通高33.7米。在2000余平方米雕刻精美的汉白玉须弥基座上，是高10余米的红白墩台，墩台上是金碧辉煌的天安门城楼。城楼下是碧波粼粼的金水河，河上有5座雕琢精美的汉白玉金水桥。城楼前两对雄健的石狮和挺秀的华表巧妙地相配合，使天安门成为一座完美的建筑艺术杰作。

天安门广场曾是明清封建帝王统治时代紫禁城正门外的一个宫廷广场，东、西、南三面用围墙围成一片普通百姓的禁地。建国后的天安门广场经历了三次大规模改、扩建工程，使古老的广场更加宏伟壮观，成为中华民族凝聚力和中国繁荣昌盛的象征。

现在的天安门广场北起天安门，南至正阳门，东起历史博物馆，西至人民大会堂，南北长880米，东西宽500米，面积达44万平方米，可容纳100万人举行盛大集会。广场中央矗立着人民英雄纪念碑和庄严肃穆的毛主席纪念堂，广场西侧是人民大会堂，东侧面是中国国家博物馆，南侧是两座建于14世纪的古代城楼——正阳门和前门箭楼，整个广场宏伟壮观、整齐对称、浑然一体、气势磅礴。天安门两边是劳动人民文化宫和中山公园，

∧ 雄伟的天安门广场

这些雄伟的建筑与天安门浑然一体构成了天安门广场，成为北京的一大胜景。

二、鸟巢

国家体育场（"鸟巢"）是 2008 年北京奥运会主体育场，由 2001 年普利茨克奖获得者赫尔佐格、德梅隆与中国建筑师李兴刚等合作完成的巨型体育场设计，由艾未未担任设计顾问。形态如同孕育生命的"巢"，它更像一个摇篮，寄托着人类对未来的希望。设计者们对这个国家体育场没有

我爱北京

∧ 北京2008年奥运会开幕式烟花

做任何多余的处理，只是坦率地把结构暴露在外，因而自然形成了建筑的外观。"鸟巢"外形结构主要由巨大的门式钢架组成，共有24根桁架柱。国家体育场建筑顶面呈鞍形，长轴为332.3米，短轴为296.4米，最高点高度为68.5米，最低点高度为42.8米。

体育场外壳采用可作为填充物的气垫膜，使屋顶达到完全防水的要求，阳光可以穿过透明的屋顶满足室内草坪的生长需要。比赛时，看台是可以通过多种方式进行变化的，可以满足不同时期不同观众量的要求，奥运期间的20000个临时座席分布在体育场的最上端，且能保证每个人都能清楚的看到整个赛场。入口、出口及人群流动通过流线区域的合理划分和设计得到完美的解决。

北京的城市名片

许多建筑界专家都认为,"鸟巢"将不仅为2008年奥运会树立一座独特的历史性的标志性建筑,而且在世界建筑发展史上也将具有开创性意义,将为21世纪的中国和世界建筑发展提供历史见证。

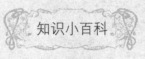

北京奥运会

第29届夏季奥林匹克运动会,又称2008年北京奥运会,于2008年8月8日20时在中华人民共和国首都北京国家体育场鸟巢开幕,2008年8月24日闭幕。主办城市是中国首都北京,参赛国家及地区204个,参赛运动员11438人,设302项(28种运动),共有60000多名运动员、教练员和官员参加北京奥运会。本届北京奥运会共创造43项新世界纪录及132项新奥运纪录,共有87个国家在赛事中取得奖牌,中国以51枚金牌居奖牌榜首名,是奥运历史上首个登上金牌榜首的亚洲国家。

三、水立方

"水立方"位于奥林匹克公园B区西侧,和国家体育场"鸟巢"隔马路遥相呼应,建设规模约8万平方米,最引人注意的就是外围形似水泡的ETFE膜(乙烯——四氟乙烯共聚物)。ETFE膜是一种透明膜,能为场馆内带来更多的自然光。它的内部是一个多层楼建筑,对称排列的大看台视野开阔,馆内乳白色的建筑与碧蓝的水池相映成趣。

国家游泳中心的设计方案,是经全球设计竞赛产生的"水的立方"方案。该方案由中国建筑工程总公司、澳大利亚PTW建筑师事务所、ARUP澳

∧ 水立方

大利亚有限公司联合设计。设计体现出 H_2O^3（"水立方"）的设计理念，融建筑设计与结构设计于一体，设计新颖，结构独特，与国家体育场比较协调，功能上完全满足 2008 年奥运会赛事要求，而且易于赛后运营。

这个看似简单的"方盒子"是中国传统文化和现代科技共同"搭建"而成的。中国人认为：没有规矩不成方圆，按照制定出来的规矩做事，就可以获得整体的和谐统一。在中国传统文化中，"天圆地方"的设计思想催生了"水立方"，它与圆形的"鸟巢"——国家体育场相互呼应，相得益彰。方形是中国古代城市建筑最基本的形态，它体现的是中国文化中以纲常伦理为代表的社会生活规则。而这个"方盒子"又能够最佳体现国家游泳中心的多功能要求，从而实现了传统文化与建筑功能的完善结合。

　　　　　　　　　　　　　　　　　　　　　　北京的城市名片

四、首都博物馆

首都博物馆新馆工程，由中法联合设计，是新中国成立以来，北京市投资规模最大的文化公益设施。

首都博物馆的建筑设计理念是"以人为本，以文物为本，为社会服务"，强调"过去与未来、历史与现代、艺术与自然的和谐统一"。新馆建筑用地2.48万平方米，总建筑面积63390平方米，建筑高度40米，地上五层、地下两层。建筑本身是一座融古典美与现代美于一体的建筑艺术精品，既具有浓郁的民族特色，又呈现鲜明的现代感。如：外观外倾斜的青铜体破墙而出，悬挑的大屋顶继承了中国传统的出檐，青灰色砖墙模糊了古城墙

∧首都博物馆

我爱北京

与现代幕墙的界线。宽阔的广场和大堂也取材于皇家宫殿高台建筑的手法。在博物馆中轴线上，大厅外地面镶嵌清代丹陛，大厅内有明代牌楼，体现中国传统中心轴线特点。在建筑材质上，青铜、木质与砖石的大量运用更显现一种历史的久远；钢结构棚顶、玻璃幕墙又表现出北京有力的时代步伐，高大的空间和通透的视觉效果更顺应了当代建筑的国际流行趋势。

新馆建筑内部分为三栋独立的建筑，即：矩形展厅、椭圆形专题展厅、条形的办公和科研楼。三者之间的空隙则为中央大厅和室内竹林庭院。自然光的利用、古朴的中式牌楼、下沉式的翠竹庭院、潺潺的流水，营构了一个兼具人文、自然的环境。

第二节　北京的商业街区

一、王府井大街

王府井大街，南起东长安街，北至中国美术馆，全长约 1600 米，是北京最有名的商业区。王府井的日用百货、五金电料、服装鞋帽、珠宝钻石、金银首饰等，琳琅满目，商品进销量极大，是号称"日进斗金"的寸金之地。

王府井大街定名于 1915 年。新中国成立以后，人民政府对王府井大街进行了整顿和改造，继承并发展了传统的经营特色，兴建了一些大型的商业设施，形成了以东风市场和百货大楼为主体的繁华商业区。近年来，王府井发展更快，从南口北京饭店入街北行，只见牌匾高悬，店铺森然，

<王府井夜景

人头攒动，如流水一般，从早到晚，每天进入这条街的中外顾客多达百万人次。现在，王府井大街整饰一新，以崭新的面貌迎接中外客人。

这条街上集中了解放后陆续修建的许多大型专业商店，有全国最大的工艺美术商店、全国最大的新华书店、外文书店、全国规模最大的中国照相馆以及利生体育用品中心、医药器械商店、王府井购物中心、穆斯林贸易大厦等。全国著名的四联、美白特级美容美发厅都在这条街上。这里还汇集了北京烤鸭店、五芳斋、全素斋、浦五房、东来顺等各具特色的著名餐馆和食品店。最近修建的麦当劳快餐店及国际快餐城也已开业。王府井还有不少老字号和有经营特色的新兴商店，如盛锡福帽店、同升和鞋店、新世界丝绸店、蓝天服装店、雷蒙西服店、建华皮货店、亨得利钟表店、大明眼镜公司、新中国妇女儿童用品商店、东华服装公司、百草参茸药店、碧春茶叶店、汲古阁文物店等。这些不同行业的商店各以独有的经营特色而赢得声誉。

我爱北京

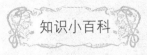

知识小百科

北京百货大楼

　　中华人民共和国成立后北京建造的第一座大型百货零售商店，被誉为"新中国第一店"。位于王府井大街。以经营日用百货为主。1955年9月开业，名为北京市百货公司王府井百货商店。1968年7月改为现名。建筑面积3.9万平方米，营业面积1.8万平方米。1970年扩建附属业务楼和仓库楼。1989年增建玩具娱乐品商场，晋升为国家二级企业。1991年成立北京百货大楼集团。1993年进行股份制改造。1994年北京王府井百货（集团）股份有限公司在上海证券交易所上市。1999年新建北部商业楼。2000年王府井百货和东安集团公司实现资产重组，成立北京王府井东安集团有限责任公司。2004年2月百货大楼开始进行内部升级改造，4月对外营业。百货大楼售货员张秉贵是全国著名劳动模范，大楼前广场立有其半身铜像，陈云在基石上题词"一团火精神光跃神州"。

北京百货大楼＞

二、西单商业街

　　西单商业街南起宣武门，北至新街口豁口，全长5.4公里。1983年10月，西城区对西单一条街提出规划和改造意见，制定产业布局规划。1990年

　　　　　　　　　　　　　　　　　　　北京的城市名片

＜北京西单商业街

10月，建成华威大厦。1991年1月15日西单购物中心试营业。1992年区政府确定"繁荣西单，发展西城"的发展思路，确定以繁荣西单为重点，带动全区经济发展，全区实现经济的繁荣。

西单商业街的建设坚持沿街危旧房改造与发展多档次、多业态、特色显明的现代化商业服务业相结合，随着首都时代广场、中银大厦、西单文化广场等在建项目陆续建成投入使用，形成以大型商业设施为主，新增文化、科技咨询、中介代理等新兴行业，使其成为具有国际先进水平的，集购物、餐饮、娱乐、服务、办公为一体的整洁、有序、文明、繁华的商业街。

我爱北京

三、琉璃厂

　　闻名中外的京城琉璃厂文化街，位于现在北京的和平门外，西至宣武区的南北柳巷，东至宣武区的延寿寺街，全长约 800 米。实际上，远在辽代，这里并不是城里，而是郊区，当时叫"海王村"。后来，到了元朝这里开设了官窑，烧制琉璃瓦。自明代建设内城时，因为修建宫殿，就扩大了官窑的规模，琉璃厂成为当时朝廷工部的五大工厂之一。到明嘉靖三十二年修建外城后，这里变为城区，琉璃厂便不宜于在城里烧窑，而迁至现在的门头沟区的琉璃渠村，但"琉璃厂"的名字则保留下来，流传至今。

　　清初顺治年间，在京城实行"满汉分城居住"。而琉璃厂恰恰是在外城的西部，当时的汉族官员多数都住在附近，后来全国各地的会馆也都建在附近，官员、赶考的举子也常聚集于此逛书市，使明朝时红火的前门、灯市口和西城的城隍庙书市都逐渐转移到琉璃厂。各地的书商也纷纷在这里设摊、建室、出售大量藏书。繁华的市井，便利的条件，形成了"京都雅游之所"，使琉璃厂逐渐发展成为京城最大的书市，形成了人文荟萃的文化街市，与文化相关的笔墨纸砚，古玩书画等等，也随之发展起来。清末，在原琉璃厂厂址上修建了师范学堂，这就是现在的师大附中的前身。在原厂址往南修建了海王村公园，成为了琉璃厂集市的中心，也是后来厂甸最为热闹的地方之一。1927 年，又建了和平门，修了新华街。从此，琉璃厂文化街分成了如今的东琉璃厂和西琉璃厂。

　　琉璃厂有许多著名老店，如槐荫山房、古艺斋、瑞成斋、萃文阁、一得阁、李福寿笔庄等，还有中国最大的古旧书店中国书店，以及西琉璃厂原有的三大书局——商务印书馆、中华书局、世界书局。而琉璃厂最著名的老店则是荣宝斋。

　　　　　　　　　　　　　　　　　　　　　　北京的城市名片

<琉璃厂

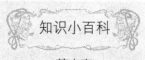

知识小百科

荣宝斋

  荣宝斋的前身"松竹斋"始建于 1672 年,1894 年更名荣宝斋,迄今已有 300 多年的历史。
1950 年公私合营,"荣宝斋新记"成立。1952 年荣宝斋转为国营,并以郭沫若书题墨迹"荣
宝斋"为标准的商号字样。"新记"成立 60 多年来,尤其是改革开放以后,荣宝斋在市场
经济的磨砺中逐渐转型成为集书画经营、文房用品、木版水印、装帧装裱、收藏、出版、
展览、拍卖、典当、教育、培训、印刷等于一体的综合性文化企业。

  荣宝斋虽历经百年的荣辱兴衰,人事更迭,至今这三字金匾仍闪烁着润泽的荣光,成
为民族企业的品牌、市场中的驰名商标。

荣宝斋—百年沧桑,荣名为宝。>

我爱北京

三、东方新天地

　　东方新天地坐落在目前亚洲最大的综合性商业建筑群之一的东方广场内，面积 12 万平方米，连接着金街—王府井商业街和银街—东单商业街。东方新天地现已成为不少知名品牌店的首选地点，也成为北京白领、国内外游客购物、就餐、娱乐、休闲的理想场所。

　　东方新天地商场包括 7 个主题购物区：缤纷新天地、都市新天地、庭苑新天地、寰宇新天地、活力新天地、尊萃时光别馆和天空大道。7 个主题购物区各有不同的商品定位，在装饰风格上也各有特色，适合更多的消费层。另外有餐饮、娱乐、休闲等多种配套设施，使东方新天地在购物的基础上具有更多的功能。东方新天地商场临近王府井商业街，人流量大，特别是观光旅游的客人较多，地铁站与东方新天地商场相连处就位于这个区。缤纷新天地装饰风格热闹而明快，仿佛一个室内嘉年华会。走进这个区，缤纷的色彩及具有节日气氛的装饰使人心情开朗，主要商铺有晨曦百货、华润超市、ESPRIT 及精彩无限音像数码广场等。东方新天地商场强

东方新天地＞

　　　　　　　　　　　　　　　　　　　　　　　　北京的城市名片

调大都市的繁华，吸引都市消费主力军——青年人，主要经营休闲品牌及珠宝饰品。购物之余，人们还可以从这里进入美食街，40多家食肆令人们尽享世界各地风味美食。

第三节　艺术与体育

一、北京人艺

　　成立于1952年6月12日的北京人民艺术剧院，在中国话剧史上，创造了许许多多的辉煌，她无愧于国家级艺术殿堂的称号，她是"国宝"级的明珠，是中国话剧的希望所在。北京人艺在半个世纪的历程中，演出活动遍及全国，其鲜明"人艺演剧风格"已扎根于广大观众之中。

　　北京人民艺术剧院成立于1952年6月12日，是中国话剧团体。戏剧大师曹禺是这个剧院的首任院长。近50年来，北京人民艺术剧院和我们的首都一样，走过了辉煌的历程。剧院受到郭沫若、老舍、曹禺、焦菊隐的精心培育，并拥有舒绣文、于是之、英若诚等一批艺术家，始终坚持现实主义创作道路，重视从中外各种戏剧流派特别是中国戏曲传统中吸取营养，形成了真实、深刻、质朴、含蓄及人物形象鲜明、生活气息浓郁、舞台形象和谐统一、具有民族特色的北京人艺风格。剧院自建院以来共上演古今中外不同形式、不同风格的剧目近300个。主要剧目有《蔡文姬》、《关汉卿》、《茶馆》、《雷雨》、《丹心谱》、《小井胡同》、《推销员之死》等，其中《茶馆》曾在欧、亚、美不少国家演出，在国际上产生了强烈反响。

我爱北京

《茶馆》剧照 >

话剧《茶馆》简介

　　话剧《茶馆》是老舍在1956年完成的作品，1958年由北京人民艺术剧院首排，此剧以茶馆作为社会缩影，透过半个世纪的世事变化，由70多个角色演出各阶层人民的生活层面。

　　故事讲述了茶馆老板王利发一心想让父亲的茶馆兴旺起来，为此他八方应酬，然而严酷的现实却使他每每被嘲弄。最终被冷酷无情的社会吞没。经常出入茶馆的民族资本家秦仲义从雄心勃勃搞实业救国到破产；豪爽的八旗子弟常四爷在清朝灭亡以后走上了自食其力的道路。故事还揭示了刘麻子等一些小人物的生存状态。全剧以老北京一家大茶馆的兴衰变迁为背景，向人们展示了从清末到抗战胜利后的50年间，北京的社会风貌及各阶层人物的不同命运。

二、北京国际音乐节

　　北京国际音乐节是经中华人民共和国文化部和北京市委、市政府批准

北京的城市名片

举办的大型音乐活动。北京国际音乐节欢迎国内外著名的音乐家、音乐团体参加。音乐节包括交响乐音乐会、歌剧、独奏音乐会、室内乐音乐会、经典爵士乐音乐会、歌舞剧、演唱会等多种世界水平的艺术演出活动，是具有国际性的音乐盛事。

　　北京国际音乐节邀请国内外著名的音乐家、音乐团体参加，已逐渐成为国际知名的音乐节。音乐节包括交响乐音乐会、歌剧、独奏音乐会、室内乐音乐会、经典爵士乐音乐会、歌舞剧、演唱会等多种世界水平的艺术演出活动，是具有国际性的音乐盛事。北京国际音乐节协会是一个非营利的专业组织机构，由具备丰富经验的艺术家和经营管理人士组成。他们在北京市委、市政府的领导下，运用其专业知识和艺术实践以及与国际文化艺术界的广泛联系，为广大的音乐爱好者奉献高水准的艺术节目。

∧ 第九届北京国际音乐节开幕式演出

我爱北京

三、北京马拉松

北京国际马拉松赛由中国田径协会主办的北京国际马拉松赛,是经国家体育总局和北京市政府批准,并在国际田联和国际马拉松及公路跑协会备案的中国最高水平的马拉松赛。该赛事于1981年首办,每年一届,已发展成为影响较大的传统性国际赛事,并跻身于世界十大马拉松赛之列。由于该比赛路线宽阔平坦,气候适宜(气温、湿度),组织水平及比赛水平高,加之北京市民的热情友好,因此该比赛规模正逐年扩大,吸引越来越多的来自世界各地的优秀选手和马拉松爱好者参赛。

2010年,"三十而立"的北京国际马拉松赛正式更名为"北京马拉松",为进一步提升赛事品质和品牌价值,北京马拉松对赛事识别体系进行了全新改造,力求以全新的面貌为广大马拉松运动爱好者奉献一场马拉松的饕餮盛宴。2010年的北京马拉松赛令人难忘,整个赛事在风雨和低温中进行,恶劣的天气并没有浇灭选手们的热情,反而激发了大家"与天斗、与人斗"的豪情壮志,30000名选手雨中奔跑的场景展现给世人的不仅仅是壮观和震撼,更多的是马拉松精神蕴含的无以言表的感动。

北京马拉松>

北京马拉松作为国内历史最悠久、影响力最大的马拉松赛事，在走过而立之年后依然为实现"国际顶级赛事"的梦想而不辍前行。

第四节　北京地铁

北京地铁（Beijing Subway）是北京市的城市轨道交通系统。

北京地铁的规划始于 1953 年，工程始建于 1965 年，最早的线路竣工于 1969 年，是中国大陆乃至大中华地区的第一个地铁系统。截至 2013 年 9 月，北京地铁共有 17 条运营线路。它包含 16 条地铁线路、1 条机场轨道，组成覆盖北京市 11 个市辖区，拥有 270 座运营车站、总长 456 千米运营线路的轨道交通系统。以客运量计算，北京地铁亦是中国大陆最繁忙的城市轨道交通系统。是中国运营时间最久、线路里程最长、乘客运载最多、早晚峰值最忙的地铁线路。北京地铁是世界上规模最大的城市地铁系统。